著 ジェフ・C・マーシャル
訳 池田匡史・雲財寛・吉田新一郎

訳者まえがき

私は育成ゲームが好きなのですが、育成ゲームにおいて重要なのは「能力値」の振り分け方です。ゲームによって異なりますが、たとえば、ある野球選手を育成するゲームでは、各選手に「(打球の)弾道」「ミート(ポイントの広さ)」「パワー」「走力」「肩力」「守備力」「捕球」など、野球のプレーに関わる観点ごとの「能力値」が設けられていて、これらの値によって全体の能力が決まります。選手育成においては、たとえば「筋トレをすると『パワー』が上がる」というように、それぞれの能力に関連した練習をすることで、特定の観点の「能力値」を上げることができるのです。ただ、期間の制限(練習回数の制限)があるため、すべての能力値を上げるのは極めて難しいことになります。つまり、これらの能力値をどのように振り分けていくのかがゲームのプレイヤーに委ねられているのです。もし、打撃に特化した選手を育成したいのなら、「弾道」「ミート」「パワー」の能力値を重点的に上げることになりますし、守備に特化した選手を育成したいのなら、「肩力」「守備力」「捕球」の能力値を重点的に上げることになります。このように、育成ゲームでは自分が設定した目標(育てたい選手像)に沿って、能力値の振り分け方を考えていくわけです。

では、野球ではなく「教師の専門性」で考えた場合はどうなるでしょうか。教師の専門性の内実は「パワー」や「走力」などに当たるものが何なのか、自覚しづらく、また簡単に表すことのできない複雑な概念であり、さらにゲームの「能力値」のように簡単に数値化できるものではありません。

本書は、このような複雑な概念である教師の専門性を「七つの指標」という観点から整理し、それぞれの指標について解説しています。七つの指標は本書に何度も登場しますが、具体的には以下に示すとおりです。

- 指標①——学んでいることとのつながりが明確で、生徒が夢中で取り組める学習の流れをつくる
- 指標②——生徒中心の学習方法と、リソースやテクノロジーを一体化させる
- 指標③——失敗が受け入れられ、尊重されていると生徒が感じる、よく組織された学習環境をつくる
- 指標④——やりがいのある、深い学びをもたらす学習経験をつくる
- 指標⑤——対話的で、よく考えることを大切にした、意味のある学びをつくる
- 指標⑥——創造的で問題解決を志向する文化をつくる

指標⑦——指導と学習をガイドするモニタリング【進行中の行為についての理解状況を診断すること】、評価、フィードバックを行う

本書はこれらの指標ごとに章が構成されています。本書の特徴は次の3点です。

第一に、「七つの指標」という具体的な観点を示したことです。これら七つの観点は独立した観点ではなく相互に関連し合っており、教師の専門性において何が重要なのかを端的に整理しています。これらの指標は著者の実証研究に基づく知見であることから、一定の妥当性が保証されているといえます。

第二に、七つの指標に基づき、教師の自己点検のためのニーズ・アセスメントを開発したことです。このニーズ・アセスメントを使えば、自身の強みと弱みを把握することができます。何が得意で何が課題なのか、自身の専門性を振り返るための枠組みを提供してくれます。つまり、このニーズ・アセスメントは育成ゲームにおける能力値に当たるものを把握する手段といえるでしょう。日本語版のデータも用意しましたので、ぜひ活用してください【QRコード参照】。

第三に、それぞれの指標について、表の形式で「レベル」を示してあるこ

とです。レベルは3段階（「改善する必要がある」「うまくやれている」「模範的である」）が設定されています。このレベル表によって、「自分がそれぞれの観点において今どの段階にいるのか」が把握でき、「次の段階に進むためにはどうしたらよいのか」を理解することができます。このレベル表は、オンラインでも公開しておりますので、右のQRコードを参照してください。

これらの特徴を有する本書は、教師の専門性を伸ばすための、いわば「攻略本」です。読者の皆さんは、本書のニーズ・アセスメントを使って、まずは自己点検をしてみてください。がんばって記入したニーズ・アセスメントはスキャナーを使ってPDFファイルに変換し、「ニーズ・アセスメント〇〇〇〇年〇〇月〇〇日」というファイル名にして残しておきましょう。そして数年後、もう一度ニーズ・アセスメントを使って自己点検をして、以前に残しておいたファイルと比較してみてください。きっとあなたに自信を与えてくれることになるはずです。

本書が、教師の専門性を伸ばす一助となることを心から願っています。

なお、本文内にある【】内の文は、内容を理解しやすくなるよう訳者が加えた注釈です。注釈が長くなる場合は、文章の脇に注釈の番号を振り、見開きページの左側に書き出しましたので参考にしてください。参考文献は［参考文献〇］と表記しましたので、こちらは巻末の文献一覧を参照してください。

最後になりますが、本書の出版にあたって、松下持久さん、岩田真さん、坂井由貴さん、坂井辰司さん、大関健道さん、佐藤可奈子さん、村上聡恵さんには、粗訳に対して有益なコメントをたくさんいただきました。また、教育開発研究所の岡本淳之さんとコンテクストの佐藤明彦さんをはじめ、本書の出版に関わってくださった皆さまに、心より感謝申し上げます。

２０２２年５月

訳者を代表して　**雲財　寛**

まえがき

教師は、勝たなければならない戦争をしています。学校では毎日、対応せざるを得ない騒ぎが起こっています。そのため、本当に向き合わなければならない課題が何なのかを私たちは忘れてしまうことがあります。この戦争で私たちが戦っている相手は、失敗や絶望、挫折、無関心、そして落胆です。私たち以外に学校の主要な役割を担っているのは生徒【本書は小学校の教員も対象にしていますが、「児童生徒」とせず、すべて「生徒」で統一します】たちです。しかし、そのなかには、私たち大人には理解できないほど複雑な人生を送っていたり、葛藤を抱えていたりする生徒もいます。

ドラマに出てきそうな表現ではありますが、「教育は未来の成功への鍵」です。なぜなら、教育に失敗してしまうと、未来の担い手となるべき生徒の可能性が失われてしまうからです。私たちは学校で、選ばれた少数の生徒だけを称賛しています。一方で、成績の悪い生徒、競争に負けてしまった生徒、失敗してしまった生徒、落ちこぼれてしまった生徒に対しては、どんな言葉をかけているでしょうか。

おそらく、この本を手に取っているあなたは、「生徒たちが抱える課題に対する解決策を求めているけれど、どうやって対応すればよいか、最善の方法はわからない」という状態なのではないでしょうか。私たち教師は、生徒の人生の成功につながるもののうち、教育の場に限っても、すべての要素をコントロールすることはできません。しかし、教師は生徒と一緒に活動するとき、教室で起こることに多大な影響力をもっています。本書における目標は、すべての生徒がそれぞれのポテンシャルに合わせてより適切な方法で成長し、優れた能力を発揮できるようにするための機会を、教師や教員養成に関わる人が見つけられるようにすることです。

本書では、生徒やその家族、あるいは教育システム全体の問題をまるごと解決するのは不可能であるという事実を受け入れます。その代わりに、生徒の能力を向上する方法について解説します。私には、「教師の仕事を最適化し、意図的[注1]で効果的な指導を行うことで、生徒の能力を大幅に向上させることができる」という考えがあります。私はこの考えが妥当であることを一貫して実証してきました。

注1　本書では、「意図」というキーワードが度々登場します。慣習を根拠にした指導（これまでこうしてきたから、こう指導する）ではなく、意図を明確にした指導（こういう目的があるから、こう指導する）を実践していこうというのが本書の重要なメッセージの一つです。

簡単にいえば、本書は生徒の能力の向上に直接的に影響を及ぼす教師の要因を体系的に解説している本です。具体的には、意図をもって変えることができる教師の行動について解説しています。本書が示す「七つの指標」をうまく実行できれば、教師は、「いい加減で効果のない学習場面を設定している状態」から、「目的に対応した取り組みがいのある学習場面を設定している状態」へと移行することができます。明確な意図をもって教えることは、すべての生徒の能力の向上を促すことにつながります。

本書を読むことが、生徒の能力の向上という目標に向けて、あなたや学校、教育委員会が指導の意図を明確にするうえで、大きな一歩を踏み出すきっかけになることを願っています。

効果的な指導は、単純なものでも容易なものでもありません。しかし、明確な意図をもって指導ができれば、教師にとっても生徒にとっても、非常に価値のあるものが生まれるはずなのです。

はじめに

本書は、すでにやることが手いっぱいの教師に、さらに別の取り組みをさせようとするものではありません。また、本書は教室で起こっている問題をまるごと解決するようなものでも、効果がわからない取り組みやその場しのぎの解決策を示すものでもありません。

むしろ、生徒の「成功」の可能性を高めてくれる、理論的にも実践的にも検証された本質的な教師の行動という面に焦点を当てています。これらの教師の行動は、教師の実践がいかに意図的で、効果的であるかを測る尺度である「教師の授業改善尺度」（七つの指標[注1]）の形で提示しています。七つの指標は、「熟達」した教師といわれるレベルを超えられるほどの変革をあなたに起こしてくれるものです。さらに本書では、セルフスタディ[注2]のための手立てや、教師レベルを見取るための観点の設定方法、教育委員会のような組織の成長などに役立つ資料を示します。

おそらくあなたは、本書で強調している七つの指標のうち、少なくとも一つはすでに身につけているものと思われます。もし、すでに身につけている指標を本書で見つけたときには、自分を褒めてあげるとともに、その指標を実践で意識し続けることが重要です。そのうえで、さらにあなたが目指すべきことは、まだ身につけていない他の指標を身につけることです。初心者からベテランまでのすべての教師が、本書から何か得るものがあることでしょう。

奇妙なことに、アメリカの多くの州では既存の教員評価の指標において、ほぼ100パーセントの教師が「まあうまくやれている」という、一定水準以上の評価を得てしまっているという状況があります。しかしその一方で、生徒の達成度は私たちの望むものとはほど遠い状況です。そもそも、「教師が優れていることが生徒の学力向上において重要な要素である」ことは明白です。より具体的なことをいうと、成績の低い生徒を能力の高い教師のもとに配置すれば、すべての生徒の学力を向上させ、学力格差を大幅に縮められることがわかっています。つまり、既存の教員評価の指標は実質的な何かを見誤っていることになります。こうしたことから、教員評価の指標を見直す必要性が示唆されます。

注1　原文は「Teacher Intentionality of Practice Scale」です。本書ではこれを「七つの指標」と訳しています。

注2　セルフスタディとは、教師が意図的に自身の教育実践を振り返って指導に関する知識を新たに生み出す研究のことです。詳しくは『J．ロックランに学ぶ教師教育とセルフスタディ——教師を教育する人のために』（武田信子ほか訳、学文社、2019年）を参照してください。この本は教師教育者のセルフスタディを中心に書いていますが、セルフスタディの概要を理解するのに参考になります。

そうした状況を踏まえ、現在、教師一人ひとりがいかに効果的な教え方ができているのかをより正確に評価できる評価基準を再構築しているところです。このような見直しは、２０１２年から２０１４年までにコロラド州、ペンシルバニア州、マサチューセッツ州、ニューヨーク州を含む各州の教育庁が発表したデータに基づいています。

ほとんどの教員評価の指標は、主に教えることと学ぶことに関する基礎的な側面（例　授業計画、学級経営、指導方法）を評価しています。これらの側面は簡単で評価しやすいものの、このような基本的な指導スキルの有無（例　「本時の授業の主発問が、生徒がいつでも確認できるように掲示されているか」など）のみを評価基準とすべきではありません。「必要に応じて適切に学習を支援すること」や「意味のある対話を促進すること」は、上述した基本的な指導スキルよりもはるかに難しいことです。とくに、生徒の能力の向上という視点においては、能力の高い教師と能力の低い教師の間では、以降で示す、七つの指標を身につけているかどうかが決定的に違うのです［参考文献30］。

七つの指標の構成

とても優れた教師になるための七つの指標のなかには、教えることと学ぶことの基本的な要素も含まれています。しかし、それだけではなく、七つの指標には「すべての生徒に高い期待を寄せること」「学習環境と指導に創造性をもたせること」「形成的評価の量と質を高めること」「教室における対話を改善すること」などの発展的な要素も含まれています。七つの指標は、「模範的な教師のスキル」と「効果的ではない発展途上の教師のスキル」を区別できる信頼性と妥当性の高い尺度となります。具体的には、次に示す七つの観点で構成されています。

指標①――学んでいることとのつながりが明確で、生徒が夢中で取り組める学習の流れをつくる
指標②――生徒中心の学習方法と、リソースやテクノロジーを一体化させる
指標③――失敗が受け入れられ、尊重されていると生徒が感じる、よく組織された学習環境をつくる
指標④――やりがいのある、深い学びをもたらす学習経験をつくる
指標⑤――対話的で、よく考えることを大切にした、意味のある学びをつくる
指標⑥――創造的で問題解決を志向する文化をつくる
指標⑦――指導と学習をガイドするモニタリング、評価、フィードバックを行う

指標①~③は教え方に関する基本的な要素であり、指標④~⑦はより重要で発展的な要素です。

それぞれの指標には、指導を改善するためのレベル表があります。レベル表は、「レベル1（改善する必要がある）」「レベル3（うまくやれている）」「レベル5（模範的である）」で構成されています。レベル2とレベル4は、それぞれのレベルの両方の内容を含んだ状態です（レベル2なら、レベル1とレベル3の両方の内容を含んだ状態です）。

すべてのレベル表は、「レベル3（うまくやれている）」をすべての教師が達成すべき最低目標となる基準として設定しています。本書を読んで指導を改善していけば、すべての教師がレベル3以上に到達できるでしょう。

本書の構成

先ほど確認した七つの指標が、本書の中核となるものです。序章の「ニーズ・アセスメント（注3）」では、七つの指標をどの程度身につけているかを把握できるワークシートについて解説します。教師であるあなたは、このワークシートを記入することで自身の強みと弱みを把握することができ、指導を改善するための方針を決めることができるでしょう。

その後の章では、七つの指標について一つずつ具体的に解説していきます。すべての章は、次に示す構成で解説しています。まず、(1)その指標と下位要素について、授業の例とともに紹介します。次に、(2)その指標の下位要素のレベルに合わせて自らを振り返り、今後の自分の指導を改善するための質問を投げかけます。これらの質問は、今後あなたがいったん立ち止まって自らを振り返りたいときや、再び参照したいときに、すぐに見つけることができるように枠で囲んでいます。

この本の目標はシンプルで「指導に、より強い意図をもたせること」です。「指導に、より強い意図をもたせる」という考えは、どの学年、どの教科にも適用可能です。教師によって、それぞれの成長への「旅路」はたしかに異なりますが、本書は多くの教師が頻繁に直面する課題に関して、共通する課題やテーマ、指針となる質問、解決策を解説します。それぞれの指標において、「レベル3（うまくやれている）」以上のレベルを達成することは難しいですが、生徒が成長するということを考えると、そのレベルを目指して取り組むことには十分に価値があります。

本書を最初から最後まで、通して読む人もいるかもしれません。しかし私は、あなた個人、あ

注3　ある商品を企画する際に、ターゲットとなる消費者層のニーズ（何を求めているのか）を調べる調査のことを「ニーズ・アセスメント」といいます。序章では、教師のあなたにとって「何が必要なのか」を自分自身で調べることができるワークシートを紹介しています。

なたのチーム、学校、または教育委員会が、それぞれどの指標に重点を置くか、または重点を置く必要があるかを決め、その指標に焦点化して取り組むことをおすすめします。取り組むと決めた指標を「レベル3（うまくやれている）」以上にして、しかもそれが当たり前になってから、別の指標に取り組むというやり方がおすすめです。

ほとんどの読者にとって、「ニーズ・アセスメント」の章は、授業の改善を検討するうえで、最初の改善ポイントを見つけるのに役立つでしょう。指標①〜③は、新任の教師や、スタンダード[注4]やカリキュラムを再検討している教育委員会や教師にとって、よいスタート地点となるでしょう。

また、「失敗が受け入れられ、尊重されていると生徒が感じる、よく組織された学習環境」（指標③）が、「レベル3（うまくやれている）」に到達していないなら、生徒に大きな努力を求める指標④〜⑦で、「レベル3（うまくやれている）」以上にすることは難しいでしょう。

意図をもって指導する

教育者である私たちの頭のなかは、その日や週末までに達成したいこと、つまり「何を」するのかが示された膨大なリストで溢れかえっています。このような状況では、「なぜ」それをやるのかを思い出すことは難しく、日々の些細なことに集中してしまい、生徒や私たちにとって「本当に大切なこと」から意識が遠ざかってしまいます。明確な意図をもって指導する際には、日々の目の前の仕事（答案の採点、メールの返信、保護者への電話など）をこなすのではなく、広い視野をもたなければならないことに改めて気づかせてくれます。

私たちは「なぜ教えるのか」、つまり教えることの意図に目を向けると、指導の方針を固めることにつながる、大切な「問い」が生まれてきます。精神的に疲れ果ててしまっているように見える学習者を、どうすれば学習に夢中にさせることができるのでしょうか。どうすれば、自分の授業が達成すべき目標に対応しているかを確認することができるのでしょうか。どうすれば、すべての生徒が挑戦できる学習環境をつくることができるのでしょうか。

優れた教え方は先天的なものではありません。意図をもった粘り強い努力によって身につく、

注4　アメリカの教育課程編成は、最終的には教育委員会に委ねられています。スタンダードとは、幼稚園児から高校生までの各学年において、学ぶべき内容や育成すべき能力を示したものです。日本でいうところの学習指導要領と考えてください。このスタンダードをもとに、教育委員会は教育課程を編成します。多くの州では、「各州共通基礎スタンダード（Common Core State Standards）」を採用していますが、これを部分的に採用している州もあれば、別のスタンダードを採用している州もあります。

後天的なものです。本書の中心となる七つの指標は、教師をより高いレベルに導く、実践的な考え方を示しています。七つの指標は教師の資質の向上を支援します。また、各指標のレベル表は、教師が「レベル3（うまくやれている）」に到達するために実践しなければならないことを示しています。七つの指標をもとに、実践と振り返りを繰り返していけば、自分の成果を裏づける証拠（例「私は○○をすることによって、生徒の学習の支援をした」「○○であるとき、高い期待がもてる」「○○という質問が、生徒の学習意欲を高めた」など）を見つけることができ、指導を改善していくことができるでしょう。

皆さんが歩む成長への「旅路」はそれぞれ異なったものですが、目指すべき目標・ゴールは同じです。すべての授業をより効果的にするような行動にエネルギーを費やすことこそが、共通の目標なのです。

目次

訳者まえがき …… 2
まえがき …… 8
はじめに …… 12
● 七つの指標の構成 …… 14
● 本書の構成 …… 16
● 意図をもって指導する …… 18

序章
ニーズ・アセスメント
――あなたに最も必要なものは何か？―― …… 25
● 焦点を当てる指標はどれか？――ニーズ・アセスメントの様式 …… 30
● おすすめの次のステップ …… 35

第1章
指標①：学んでいることとのつながりが明確で、生徒が夢中で取り組める学習の流れをつくる …… 39
● 学びの一貫性 …… 45
● 学んでいることとのつながり …… 51
● 指標①の習得に向けたアクション …… 54

第2章
指標②：生徒中心の学習方法と、リソースやテクノロジーを一体化させる …… 69

● 生徒中心の学習方法 …… 72
● リソースとテクノロジー …… 82
● 指標②の習得に向けたアクション …… 88

第3章

指標③：失敗が受け入れられ、尊重されていると生徒が感じる、よく組織された学習環境をつくる …… 103

● 授業の流れ …… 108
● 教室でのやり取り …… 114
● 指標③の習得に向けたアクション …… 119

第4章

指標④：やりがいのある、深い学びをもたらす学習経験をつくる …… 131

● 「挑戦する文化」 …… 134
● やりがいを感じられる指導 …… 140
● 指標④の習得に向けたアクション …… 146

第5章

指標⑤：対話的で、よく考えることを大切にした、意味のある学びをつくる …… 167

● 相互作用の文化 …… 172
● 生徒が学習に深く関わること …… 180

● 指標⑤の習得に向けたアクション …… 184

第6章
指標⑥：創造的で問題解決を志向する文化をつくる …… 199

● 創造的な文化 …… 203
● 問題解決を志向する環境 …… 208
● 指標⑥の習得に向けたアクション …… 216

第7章
指標⑦：指導と学習をガイドするモニタリング、評価、フィードバックを行う …… 227

● 学習をガイドするフィードバック …… 234
● 形成的評価 …… 240
● 指標⑦の習得に向けたアクション …… 246

おわりに――次のステップに向けて―― …… 258
資料　教師の力量を高めるための文献リスト …… 271
参考文献リスト …… 277

序章

ニーズ・アセスメント
——あなたに最も必要なものは何か？——

Teacher Highly Effective

Needs Assessment:
What Do You Need Most?

生徒の多様なニーズに対応するために、「一人ひとりをいかした指導[注1]」が必要であるのと同じように、私たちも教師の多様なニーズに対応するために、「一人ひとりをいかす教員研修」を行う必要があります。この章では、教師、学校、教育委員会の研修の指針となるように、個人のニーズ・アセスメントとその使い方を紹介します。

以降の章で示される七つの指標は、さまざまな研究に基づき、教室という場で実証されているものです。これら七つの指標のうち、自分にとって一番のニーズがどれなのかを見極めるために、時間をかけてニーズ・アセスメントを実施することをおすすめします。ニーズ・アセスメントは、あなたの指導や生徒の学習を効果的にするための指針になるものです。七つの指標は、生徒の能力の向上を促すために教師が行う効果的な方法についてまとめています。七つの指標を身につけることで、あなたの学校や教育委員会がこれまで行っていた多くの無駄な教員研修に気づくこともできるかもしれません。

この章で紹介されているニーズ・アセスメントは、それぞれの指標に対して四つの項目が対応しており、全部で28の項目で構成されています。また、それぞれの項目に対して、次に示す四つの質問があります[注2]。

(1) それはどのくらいの頻度で起こっていますか? (頻度)

(2) それにどのくらい自信がありますか？（自信）
(3) その頻度と自信を、客観的に裏づける証拠資料や記録などはありますか？（証拠）
(4) もし、あなたの生徒が各観点に対するあなたの自己評価を忖度なしに見たとしたら、その自己評価を支持してくれると思いますか？（生徒からの支持）

得点は、頻度50パーセント、自信20パーセント、証拠20パーセント、生徒からの支持10パーセントのように重みづけされています。ニーズ・アセスメントが完了したら、各項目の指標のカテゴリーごとに合計得点を導き出してください。そして、合計得点の高い順に1位から7位まで、

注1　レディネス（学習に向けた準備）を含めて、生徒それぞれの興味関心、学ぶスピードや学び方、すでにもっている知識、経験、スキルなどの違いに対応する形での教え方です。詳しくは、『ようこそ、一人ひとりをいかす教室へ』を参照してください。

注2　ここでは、頻度・自信・証拠・生徒からの支持という四つの観点が示されていますが、読者にとってはまだ馴染みの薄い項目もあるかもしれません（アメリカの教師にとってさえ、そう思えてしまいます）。しかし、こうした観点から現状を把握することが、よりよい教師になったり、よりよい授業を実践したりするうえで大切な情報だということは理解できます。したがって、最初は答えられる項目だけでもかまいません。徐々に残りも答えられるようにしていきましょう。

指標をランクづけします。

ニーズ・アセスメントの目的は、細かく正確に得点を出すことよりも、自分の長所と短所を明らかにすることです。つまり、それぞれの質問について、自分の認識を「できるだけ」正直かつ正確に評価することが目的です。「(3)その頻度と自信を、客観的に裏づける証拠資料や記録などはありますか?」という質問は、教室で自分が実際に行っていることと、自分が認識していることがどのくらい一致しているかについて考えてもらうことがねらいです。それぞれの質問はさまざまな研究に基づいており、教室という場で実証されているものです。

1学期先、あるいは1年先、3年先と、自分の変化を自覚するために何度も取り組むとよいでしょうから、ニーズ・アセスメントの回答は、直接本書に記録するのではなく、次のリンクからファイルをダウンロードして記録してください（https://www.ascd.org/ASCD/pdf/books/marshall2016.pdf参照）。パスワードは「marshall117001」です【日本語版は下のQRコードから参照してください】。このシートから導き出された結果を集計してください。質問に答えた後、あなたはそれぞれの指標の合計得点を出し、指標の順位をつければ結構です。そして、完成したシートを印刷したり、他の人と共有したりしてみてください。毎週、完成したシートを使って他の先

生たちとともに、自身のニーズ、計画、成長について話し合うことをおすすめします。もし、一人で取り組みたいならこの章を参考にして、自分の力量の向上に向けて、来年や再来年のうちに達成したい目標を立てるとよいでしょう。

「個人」ではなく、「学校」というより大きな規模でこのニーズ・アセスメントを使うことで、誰かの勘やこれまでの習慣に基づいて行動したり、教材会社の不当な売り込みに応じたりすることはなくなり、教科の学習や学校の実際のニーズに合った研修予算の割り当てをすることができるようになります。アセスメントの結果を受けて、多くの教師が身につけられていない指標にしぼって取り組むことになるかもしれません。また、学校全体として複数の指標に取り組むこともできますし、教師個人が一～二つの指標に絞って取り組むこともできます。

たった1日か2日で終わる研修会や一度きりの講義形式の研修に参加しただけでは、教師の力量が向上したり、生徒の能力向上を促したりすることはできないということを、私たちは何年も前から知っています［参考文献3、13、14、27、40］。しかし、中核となるニーズがわかると、教師や学校を次なるステップへと進めてくれるような、目的が明確で持続可能な研修にすることができるのです。

焦点を当てる指標はどれか？——ニーズ・アセスメントの様式

ニーズ・アセスメントは、32～34ページに記載されています。
次の指示にしたがって、各項目に点数をつけてください。

頻度
0 = 一度もない・まったくない
1 = 月に一度
2 = 週に一度
3 = 週に複数回
4 = 毎日、またはたいてい毎日
5 = すべての授業、またはほとんどの授業

自信
0 = その指標を身につけているという自信があまりない、またはまったくない
1 = その指標を身につけているという自信がまあまあある
2 = その指標を身につけているという自信がある

証拠
0 = 頻度と自信を裏づける証拠がない
1 = 頻度と自信を裏づける証拠がいくつかある
2 = 頻度と自信を裏づける多様な情報源がある

生徒からの支持
0 = 生徒は私の頻度スコアと自信スコアについての評価を支持してくれない
1 = 生徒は私の頻度スコアと自信スコアについての評価を支持してくれる

ランクづけ
自己評価が完了したら、指標①から指標⑦までの合計得点を指標ごとに確認し、指標のランクづけをしてください。

順位づけが完了したら、最下位と下から2番目だった指標を確認してみましょう。これらは、最初に目標とすべき指標です。ニーズ・アセスメントの表の一番左の数字は、次に示す指標の番号に対応しています。

指標①——学んでいることとのつながりが明確で、生徒が夢中で取り組める学習の流れをつくる
指標②——生徒中心の学習方法と、リソースやテクノロジーを一体化させる
指標③——失敗が受け入れられ、尊重されていると生徒が感じる、よく組織された学習環境をつくる
指標④——やりがいのある、深い学びをもたらす学習経験をつくる
指標⑤——対話的で、よく考えることを大切にした、意味のある学びをつくる
指標⑥——創造的で問題解決を志向する文化をつくる
指標⑦——指導と学習をガイドするモニタリング、評価、フィードバックを行う

ニーズ・アセスメント【一番左の列の「①a」は、「指標①の項目a」という意味です】

	質問	頻度 0〜5	自信 0〜2	証拠 0〜2	生徒からの支持 0〜1	合計	ランク
①a	私は、よく計画された（スタンダード、授業の目標、学習活動、評価はすべて明確で、一貫した）授業をしている。						
①b	私は、生徒が学習内容の理解とスキルの両方を獲得するために、夢中で取り組めるように計画した授業をしている。						
①c	私は、教科内および他教科とのつながりを重視した授業をしている。						
①d	私は、生徒の生活や現実の世界と関連づけた授業をしている。						
					①の合計		

②a	私の生徒は授業に積極的に参加し、学習内容として登場する抽象的な概念や考えは具体的な経験に結びついている。						
②b	設定した学習方法は生徒中心のもので、教師がモデル化したものを模倣するか、確認するだけでなく、自分で考えを説明したり、何かを創造できたりする余地がある。						
②c	生徒が抽象的なアイディアを具体的かつ視覚的に学習するために、複数の教材やリソースを提供している。						
②d	私が採用する教材、資料、学習方法には目的があり、ICT 機器などを用いる場合は学習を改善するものとして機能している。						
					②の合計		

③a	授業時間の配分や活動の切り替えは効率よく円滑で、生徒は指示にすばやく反応する。						
③b	授業の流れは無駄がなく円滑で、私の教室はほとんど「生徒が進めている」ように見える。						
③c	私はしっかりとした存在感があり、ポジティブな影響力や忍耐力を示しており、すべての生徒は肯定的で失敗が受け入れられ、尊重されている雰囲気づくりに取り組んでいる。						
③d	生徒とのやり取りにおいて、私は生徒を尊重し、声をかけやすく、ポジティブな感情で支援をする存在である。						
					③の合計		

	質問	頻度 0～5	自信 0～2	証拠 0～2	生徒からの支持 0～1	合計	ランク
④a	私はすべての生徒にちょうどよい高さの期待をしており、生徒全員もその期待に応えようとしている。						
④b	私は自ら、粘り強さ、忍耐力、自己モニタリング【進行中の行為についての理解状況の自己診断のことです。例として、文章を読んでいる最中、「あ、今この段落で自分は意味がわからなくなっている」と自覚することがあげられます。】のモデルを示し、生徒にもその行動を求めている。						
④c	私の授業はすべての生徒が適切に挑戦できるような、やりがいのある機会を提供している。						
④d	学習はすべての学習者がやりがいを感じられるように一人ひとりの生徒をいかす【「一人ひとりの生徒をいかす教え方」については、27ページの注1を参照してください。】ものになっており、学習が最も効果的になるように適切な支援がなされている。						
					④の合計		

⑤a	私はすべての生徒が参加し、夢中で取り組めるように授業を進めている。						
⑤b	私は授業中、対話的・魅力的で、動機づけとなるようなやり取りを促している。						
⑤c	私の出す課題や教室内でのやり取りは、生徒にとって目的があり、意味があるものである。						
⑤d	生徒全員が他の生徒の反応に対し、説明したり、理由づけをしたり、主張したり、批評したりすることに挑戦している。						
					⑤の合計		

	質問	頻度 0〜5	自信 0〜2	証拠 0〜2	生徒からの支持 0〜1	合計	ランク
⑥a	私は、創造性をいかす学び手としてのモデルとなるようにしていて、生徒に新しいコミュニケーションの方法を見つけ、アイディアを共有し、発表し、議論することを期待している。						
⑥b	私は好奇心をもつことや、生徒自らが問いをつくることを大切にする教室の文化をつくっている。						
⑥c	私の生徒は、極めて自立した学習者であり、正解が一つではない問題に対して、積極的に解決策を模索している。						
⑥d	私の生徒は複数の視点から積極的に検討し、教師の指示なしに代替可能な解決策や説明をしている。						
					⑥の合計		

⑦a	私は（「はい・いいえ」や「正しい・間違い」といった確認的な反応だけではなく）具体的で焦点を絞ったフィードバックを行っている。						
⑦b	私は生徒の学びを支援するために頻繁にフィードバックを提供している。						
⑦c	私は、自分の指導を生徒の学習にいかすために形成的評価を活用している。						
⑦d	私は、すべての生徒が事前知識や間違った理解をしていないかを確認できるような問いかけをしている。						
					⑦の合計		

おすすめの次のステップ

次に示す「おすすめポイント」は、必ずそのとおりにしなければならないというものではありません。しかし、非常に優れた教師に到達するための指針にはなるはずです。

指標①、②、③の得点が低い場合は、他の指標に取り組む前に、より基本的な教え方に関する問題に取り組むべきです。それらの指標を身につけることができて初めて、指標④~⑦に取り組む準備ができるのです。それらの指標を身につけるには、人によりますが、数か月から1年以上かかる可能性があります。

新しいスタンダード、新しい教科書、新しいカリキュラムを採用した教育委員会や学校では、指標①に十分な時間を割く必要があります。新しいスタンダードやカリキュラムへの移行をサポートしないと（目標としている研修の準備も含めて）、教師は単に過去と同じ指導をするだけになってしまいます。

指標④~⑦において、「レベル5（模範的である）」に該当するパフォーマンスを示しているのが「非常に優れた教師」で、「レベル3（うまくやれている）」に該当するパフォーマンスを示しているのが、「まあまあよい教師」であることはいうまでもありません。個人や学校によってニーズは異なります。ただ、研究の結果から、多くの教師がまだ身につけていない指標は④、

⑥、⑦で、多くの教師がすでに身につけている指標は①、③、⑤であるという傾向がわかっています。(注3)

今後示すことになる、それぞれの指標のレベル表において「レベル3（まあうまくやれている）」の箇所には、教師として期待される姿を詳細に示しています。指標のレベルはそれぞれで独立して設定されています。そのため、指標ごとに設定されているレベルの内実には差があることに留意してください。

学校を対象にした一般的な調査結果に、自分を合わせる必要はありません。それらの調査結果は、教員の力量の向上を目指す研修を考えるための基礎資料として役立つものです。また、管理職や教え方のコーチ(注4)がそれぞれの場所で観察していることが、調査結果と一致しているかを確認するうえで役立つかもしれません。学校を対象にした一般的な調査結果をもとに指導を改善していくことは、自分自身のニーズに合っていなかったり、個人に合わせた教員研修にならなかったりするため、最初はおすすめしません。

以降の章では、それぞれの指標に関連する議論と自身の実践を振り返るための質問を示しています。これらは教師としての成長の指針とすることができます。ニーズ・アセスメントによって得点化された指標の順位を絶対視しないでください。また、ニーズ・アセスメントの得点が、学校内の同僚の教師と近い場合は、個人のニーズよりもグループのニーズを重視する方が理にかなっているかもしれません。たしかに私たちは皆、七つの指標のそれぞれでさらに成長することができます。しかし、時間やエネルギー、学校予算には限界があります。そのため、学校として最大の効果を得られる指標に重点を置くことも重要でしょう。

最後にいくつかの提案をしたいと思います。

第一に、指標③の習熟は必須のものです。「失敗が受け入れられ、尊重されていると生徒が感じる、よく組織された学習環境」がなければ、他の指標を身につけることは難しいでしょう。

第二に、形成的評価(注5)に重点を置いた指標⑦は、実践することで生徒の能力の向上に直結する可

注3　日本の教師の結果が、アメリカの教師と同じになるとは限りません。ぜひ、結果をpro.workshop@gmail.com宛に送ってください。

注4　アメリカでは、希望すれば自身の授業についてアドバイスをしてくれたり、授業計画を相談したりできる存在として「教え方のコーチ」という役割の人がいます。日本では指導主事がこれに近いように思われるかもしれませんが、この「教え方のコーチ」は希望制でなることなどを含め大きく異なります。このコーチの存在については、『プロジェクト学習とは』の中で詳しく紹介されていますので、興味のある方はご一読ください。

注5　評価は、いつ行うものかによって、3種類の分け方がなされています。単元の実施前に、生徒の現状を把握するために行う「診断的評価」、単元実施中に行い、学んでいる状況を把握する「形成的評価」、単元実施後に行い、学んだことの評価となる「総括的評価」です。「形成的評価」は、単元実施中の生徒の理解状況を把握し、その場で指導を改善していくうえで重要な評価です。

能性があります。

第三に、「創造的で問題解決を志向する文化」に焦点を当てている指標⑥は、教科や領域によって指標を身につける難易度が変わってきます。高度情報化社会においては、単に暗記したり復唱したりするのではなく、目的に合わせて情報を収集し、的確に実践していくことが必要です。そのため、教師がこの指標を身につけることは必要不可欠です。

最後に、さまざまな機関や研究プロジェクトにおいては、七つの指標をより深く理解していきたいと思う場合もあるでしょう。そのため、それぞれの指標について、最低でも「レベル３（うまくやれている）」以上の教師になれるよう、さらなる成長を導くための資料として文献リストを巻末に示しています。

第1章

指標①：学んでいることとのつながりが明確で、生徒が夢中で取り組める学習の流れをつくる

Teacher Highly Effective

TIP1: Coherent, Connected Learning Progression

最初の指標として示す内容を簡単に言い換えると、「学習内容とのつながりが一貫している授業をする」ということです。文字にすると簡単なことのように見えますが、日々の指導のなかで、多くの教師の課題となっていることです。さらに、この指標は他の指標を身につけるうえでも非常に重要なものです。

教師に「何を」するのか、「なぜ」それをするのか、という明確な意図が欠けていると、当初の目的から大きく外れた予測不可能な結果になってしまいます。この章では、「教える予定の学習事項を単純に網羅するだけ」という考え方ではなく、意図をもった指導と学習をどのように確立するかについて解説していきます。

「ある二人の考え方が、一見同じように見えるけれど、実は根本的に違う」ということに気がついた経験はないでしょうか。具体例としては、それぞれの州で採用されているスタンダードでも、教師や管理職によってその捉え方が違うということがあげられます。模範的な教師と、ただ経験年数を重ねているだけの教師を比較した研究では、模範的な教師はスタンダードを「指導を決定するための枠組み」として見る傾向があることが指摘されています［参考文献25］。一方、教師経験年数が10年以上あるにもかかわらず、「模範的である」と評価されなかった教師は、スタンダードを「乗り越えなければならない障壁や障害」として捉える傾向にありました(注1)。

このように、ある教師はスタンダードを肯定的に捉え、さらに効果的な指導のあり方を考える際に支援してくれるものと考えているのに対し、別の教師はスタンダードを否定的に捉え、指導の妨げになっているものと考えています。私たちは、「各州共通基礎スタンダード（ＣＣＳＳ）」「次世代科学スタンダード（ＮＧＳＳ）」「大学、キャリア、および市民生活のフレームワークのためのスタンダード（C3 Framework）」、または個々の州が採用したスタンダードのさまざまな側面について議論することができます。しかし、そのような議論が一通り終わり、いったんスタンダードが採用されてしまえば、それらのスタンダードが指導や学習に及ぼす影響を判断するのは、教育委員会、学校、そして教師ということになります。

国レベルで使われている最新のスタンダードを以前のバージョンと比較すると、あることが際立っています。それは、スタンダードが要求する水準が高くなっているということです。それは同時に、すべての生徒への期待が高まっているということでもあります。私は、教師や教育委員会が新しいスタンダードを採用しようとする際、彼らの新しいスタンダードとの向き合い方を見てきました。そこには、二つの傾向があることがわかってきました。一方の教師たちは、スタン

注1　これを日本の状況に当てはめると、学習指導要領や教科書の捉え方といえるのではないでしょうか。教科書「を」教えるのか、教科書「で」教えるのか、あるいは学習指導要領や教科書に振り回されるのか、それとも学習指導要領や教科書を生徒や自分のためにいかすのか、これらの二つの違いを認識することは大事です。

ダードを「改定以前のものと本質的には変わらないものである」と考えています。したがって、何が変わったのかをとくに確認することなく、これまで馴染んできたものに相変わらずしがみつきます。もう一方の教師たちは、スタンダードの記載内容の変化を理解し、改定によって示された、教師や生徒への新しい期待を達成するための方法を進んで探究します。(注2)

スタンダードに記載されている内容については、各教科特有の考え方というものが存在する以上、一般化することはできませんが、新しいスタンダードの多くは、高次の思考（たとえば、証拠に基づいて主張すること、複雑なアイディアや現象をモデル化すること）を重要視しています。優れた教師のなかには、何年も前から高次の思考に価値を置いている人もいます。しかし、生徒に高次の思考を身につけさせることは、優れた教師のみが行えばよいことではありません。すべての教師に必須の「ノルマ」なのです。(注3)

これまでの多くのスタンダードとは異なり、新しく改定されたスタンダードは、スキルと実践に加え、教科間のつながりについても明示しています。算数・数学でいえば、教師が以前に示した問題の解法を生徒が単に模倣するだけではなく、複雑な現実世界の問題に対する解法をモデル化するような数学的な実践に取り組まなければならないということを意味しています。理科では、生徒は単に観察したり、用語を羅列したりするのではなく、複雑な現象をモデル化し、データを使って何らかの主張を正当化するような学習が求められています。社会科では、生徒が「市民」としての責任を果たすために、身につけた知識を活用できるようにする必要があります。国語では、根拠に基づいて読んだり、コミュニケーションをしたりしなければなりません。

複雑な思考をし、根拠をもって主張を正当化するような高次の思考は、現在ではすべての学年とすべての教科で展開されるべきものとなっています。単に与えられた知識を詰め込むだけでは「学び」とみなすことができないのです。つまり、高次の思考も行うことで初めて、「学び」とみなされるようになったということです。以前は、「正しい答えはありません（が、さまざまな答えがあります）」というのが、生徒の学習に対する動機づけを促すための一般的な教師の発言でした。新しいスタンダードでは、「正解とは、主張を正当化するたしかな証拠があるものです」とする方がよいのかもしれません。どのような場合でも、生徒は低次の思考（たとえば、覚えたり、思い出したり、リストをつくったり、暗記したり）をできなければなりません。しかし、現

注2　平成29・30年に告示された日本の学習指導要領では、各教科で育成する資質・能力が明記されました。これにより授業づくりには、「その学習内容でどのような力を育成するのか」という視点がよりいっそう重要視されたといえます。

注3　低次と高次の思考は、「ブルームの思考の6段階」から来ています。一般的には、暗記と理解が低次の、応用、分析、判断、統合が高次の思考といわれています。しかし、『理解するってどういうこと?』や『理解をもたらすカリキュラム設計』を読むと、理解の奥深さがわかります。

在ではそのような思考は目的を達成するための「手段」であって、それ自体が「目的」にはならないのです。[注4]

一部の教師は、次のような難問を抱えるようになります。それは、「以前のスタンダードでも目標となる水準を達成できない生徒がいるのに、より高い水準を求める新しいスタンダードのもとでその水準を達成することなど、どのようにすれば可能なのだろうか」というものです。

本章は、この難問を解決するところからはじめていきましょう。はじめに確認したいことは、「生徒に高い水準を求める」という必要に迫られたこの変化を、教師がうまくいかすことができたなら、それが生徒の能力を伸ばす推進力になるということです。

指標①では、主として次に示す二つの問いに焦点を当てています。

(1) あなたの授業は、スキルと知識の両方を統合しており、学習内容が一貫した学習過程になっていますか？（学びの一貫性[注5]）

(2) あなたの授業は、どの程度、生徒の興味・関心や、教科の全体像[注6]とつながっていますか？（学びのつながり）

学びの一貫性

授業を考えるうえで、「書籍やインターネットを通して入手できる膨大な授業プランのなかから一つを選び、それをそのまま実践すること」と、「指導の意図が明確で、目標に合わせて学びのつながりをもたせること」には、大きな違いがあります。「レベル3（うまくやれている）」以上の教師になるために、教師は必要不可欠な知識と、指導のためのスキルを身につけなければなりません。また、授業は学習内容が一貫していなければならず、スタンダード、目標、評価にも沿っていなければなりません。「膨大な数の授業プラン」のなかから、最も適切な授業の方法を確実に選択するためには、明確な意図が必要です。

注4　脳科学に精通した人たちの中には、それらの低次の思考は高次の思考の結果によって得られるものである、という人もいます。そのアプローチでは、従来の覚えたり、暗記したりすることを先にするのではなくて、応用、分析、判断、統合といった高次の思考が必要な活動を先に行うことで、低次の思考は副産物としてついてくるというのです。『「考える力」はこうしてつける』の96〜97ページを参照してください。

注5　学びの一貫性とは、「学習内容がバラバラではなく、単元、学年、教科をつらぬく共通の学習テーマ（ないしコンセプト＝概念）があるのか」ということです。

注6　ここでいう教科の全体像とは、その教科や単元において一貫して用いられる重要な概念を指します。

第一に、扱いたい学習内容にぴったりの授業プランを探す前に、私たちは生徒に「何を知ってほしいのか」「何ができるようになってほしいのか」を明確にする必要があります。第二に、授業は目の前にいる生徒の発達に合わせて、適切なものにする必要があります。最後に、誰かがどこかに発表した授業プランをまったく同じように実践するのではなく、目の前の生徒の興味・関心、必要性に合わせて授業を微調整したり、新しくつくり替えたりすることを学ぶ必要がありま す。とくに生徒が目標を達成していないような場合であれば、なおさらです。

チェックポイント

☑自分の指導が正確かどうかは、どうすればわかるのでしょうか?

自分の専門教科の内容を理解している教師は、単に知識を生徒に伝えるだけではなく、精力的かつ魅力的に多くのことを伝えています。そのような教師は長年にわたる経験で、授業や評価の際に、生徒に考えさせる視点や目的を明確にすることがいかに重要であるかを知っています。しかし、これを行うのは多くの場合、容易ではありません。生徒は混乱しているとき、自身のなかで「何を求められているのか」「何をしなければならないのか」という視点や目的が明確になっていないことが多いからです。

指標①：学んでいることとのつながりが明確で、生徒が夢中で取り組める学習の流れをつくる

評価	1 改善する必要がある	3 うまくやれている	5 模範的である
学習の流れ （①a）	つながりがある、明確な学習の流れ		
	授業内容に誤りがあり、明確さに欠け、スタンダード、目標、評価との整合が取れていない。	授業はおおよそ論理的に順序立てられ、スタンダード、測定可能な目標、評価との整合が取れている。教えられた内容は正確である。	授業は一貫して内容が明確で、論理的に順序立てられており、スタンダード、測定可能な目標、評価に沿ったものとなっている。授業内容は正確で、生徒が夢中で取り組めるようにしている。
	授業で概念や内容などの知識とは別に、プロセスやスキルを教えている。	授業でスキルやプロセスと知識を統合している。	授業では、プロセスやスキルと、概念や内容の両方に関わることを生徒に求めている。
学習内容と学習者のつながり （①b）	学習を生徒の生活や大きな概念と結びつける		
	教科の全体像とのつながりが明確でない学習が展開されている。	学習は、その教科あるいは他の教科の全体像と明確につながっている。	授業全体を通して、授業や概念がどのようにしてその教科や他の教科の全体像と結びついているのかについて、複数の関連づけがなされている。
	学習内容と生徒の生活との間に、明確な関連はない。	生徒の生活や以前の学習と内容を結びつけるための関連づけが行われている。	学習内容と生徒の生活や以前の学習との関連が豊かである。生徒は実際の世界と関連づけることに積極的である。

出典：[参考文献 28]

教師は、授業中の発問もテストでの設問も、「自分の質問は明確である」と考えがちです。しかし、生徒が無表情でじっとこちらを見つめていたり、試験で予想以上に悪い結果を出したりすると、「自分の質問は明確でなかった」と気づくこともよくあります。授業中のどの発問が、あるいはテストのどの設問が、どのように生徒を混乱させてしまっていたのか、その理由を生徒に尋ねることは、質問した内容が難しかったのか、言葉づかいや文言が混乱させてしまっていたのかを見極めるための手っ取り早い方法です。(注7)

チェックポイント

☑あなたの授業について、学習内容のつながりが一貫していることや、目標や目的に沿っていることを示す証拠は何ですか?

授業は、学習内容が一貫していなければなりません。「レベル3(うまくやれている)」に位置づく授業では、授業における学習活動が、測定可能な目標を目指した活動であるかどうか、それまでに積み上げた形成的評価をもとにその目標が達成されているかどうかを確認します。たとえば、小学3年生の理科のスタンダードで「生徒が調査を計画し、実施する」と書かれている場合、測定する(採点する)べき評価の観点は、「生徒が実験を通して仮説を実証することができるか」

です。

私は最近、中学校の社会科の授業で、生徒たちが「『ハンムラビ法典』は正しかったのか」という、学習の「鍵となる問い」に取り組んでいるのを見ました（「鍵となる問い」については61～64ページで詳しく説明しますが、今はこの例を使い続けます）。この授業では生徒たちに、法律の目的と法律が与える社会への影響を考えてもらうために、個人で、そして学級全体で法律を分析するよう求めました。その後の小テストでは、生徒は自分の主張を正当化する証拠を示すよう求められました。

目的やスタンダードに関係なく、目標は生徒一人ひとりがどれだけ自分の主張を正当化する証拠を示せるかどうかです。そのため、学習の大部分を小グループでの活動にするのはかまいませんが、生徒の能力が可能な限り個別に発揮され、常に目標を目指した活動になっているかを確認することが重要です。「何かと何かを比較する」ということが設定された目標なのであれば、テストで生徒に答え合わせをさせたり、リストアップさせたりしても、夢中で取り組めるような学習にはならないでしょう。

注7　教師の質問・発問および生徒が自ら考える質問に興味のある方は、『質問・発問をハックする』と『たった一つを変えるだけ』が参考になります。

カリキュラムが、学校や教育委員会レベルで規定されている場合でも、カリキュラムが生徒とどのように重なり合うか、また学習の文脈（過去・現在・未来）のなかでどのように重なり合うかを考えるのが教師の役割です。指標⑤で後述するように、教師の発問や教師と生徒の相互のやり取りは、生徒を生き生きとさせるか、不快で魅力のないものにさせてしまうかを左右します。

スキルと知識を別々の日に教えるのではなく、統合して教えることとは、各州共通基礎スタンダード（CCSS）」「次世代科学スタンダード（NGSS）」「大学、キャリア、および市民生活のフレームワークのためのスタンダード（C3 Framework）」、そして州の新しいスタンダードなどに共通している特徴の一つです。スキルと知識の統合については、各教科によって解釈は少し異なりますが、本質は同じです。理科では、各パフォーマンスには科学と工学の実践（例 データの分析と解釈）、核となる概念（例 力と運動）、教科・領域横断概念（例 安定と変化）[注8]を組み合わせます。数学では、スタンダードは数学的思考（例 問題解決）と内容（例 代数）に分けられています。社会科において、「大学、キャリアおよび市民生活のフレームワークのためのスタンダード」は四つの核となる領域（問いの設定と探究計画の立案、社会の概念とツールの使用、証拠を用いた情報源の評価、結論の公表と情報を使いこなした行動）[注9]で構成されています。国語では、現在は内容だけでなく、プロセス（例 読解や作文）にも重点が置かれるようになっています。[注10]

チェックポイント

☑これまでバラバラに教えてきたスキルや知識をどのように統合しますか？

学んでいることとのつながり

「教養を身につけるうえで重要だから」古典を読む、「複雑な問題を解くのに役立つから」二次方程式の因数分解を学ぶ、「あとで化学の勉強に役立つから」元素の周期表を暗記する、「地理が重要だから」第二次世界大戦の主要な戦いが行われた場所を学ぶ、などと学ぶ理由を説明することがあります。これらはすべてありふれた説明ですが、生徒が授業に意味を見出して取り組める

注8　教科・領域横断概念とは、日本の科目でいう物理学、化学、生物学、地学などの領域を横断する考え方を指します。たとえば、「安定と変化」という概念は、「化学（化学平衡）」や「生物学（恒常性）」という領域を横断しています。そして、さらには理科だけでなく、社会科、数学、国語等への教科横断概念でもあります。

注9　これは、探究のサイクルを異なる言葉で表しています。最後の段階では、単に発見したことを発表するだけでなく、情報に基づいたアクションまでを含めているのが特徴的です。

注10　国語の例としてこのように書かれていますが、すべての教科でプロセス重視になっています。それは、『教科書では学べない数学的思考』や『だれもが科学者になれる』、『歴史を学ぶ』および『社会科ワークショップ』を読めば明らかです。

ようにするには不十分です。

教師は、生徒がその学習内容を学ぶ必要がある理由をうまく説明できないときがあります。また、学校での学習が「学校ごっこ」とでもいえる、学校内でしか通用しないものになってしまっているために、現実社会と学校での学習の間に巨大な隔たりがあります。これらの理由から、多くの生徒が学びに意味を見出せなくなっているのです(注11)。

学習内容につながりのある指導計画を立てるには、学習内容が生徒にとってバラバラで意味のないものにならないように、いくつかの方法に取り組む必要があります。まずは、学習内容を生徒の生活や、すでに知っている知識とつなげることが重要です。また、同じくらい重要なのは、学習内容をその教科や他教科の全体像とつなげることです。学習が生徒と教科の全体像につながっているとき、それは生徒にとって目的があり、価値のあるものになります。しかし、多くの場合、すでに知っている知識や教科の全体像と学習をつなげることができていません。

チェックポイント

☑どのようにして、授業をその教科や他の教科の全体像とつなげるのがよいですか?

ハンムラビ法典について触れた先ほどの例では、生徒は高次の思考スキルを使っていました。しかし、その授業は生徒がすでに知っていることとのつながりがありませんでした。生徒が「ハンムラビ法典の正しさを学びたい」と言って授業に臨むことは、まずありません。そのため、教師は生徒のニーズやそれを学ぶ必然性と、本時の学習をつなげなければなりません。たとえば、学習の鍵となる問いを修正して、「すべての法律は正しいですか？」と問うのです。生徒が自分の家で決められている「法律」について話し合ったり、考察をしたり、「18歳未満のすべての人にラップミュージックを禁止する」という法案について、それが施行されたらどうなるかという、想像上のシナリオを考えたりすることから授業をはじめてみるとよいでしょう。

いずれの学習テーマであっても、提案された法律が正当なのか、効果があるのか、社会にとってよいものなのかを議論することができるはずです。生徒が話し合いに夢中になり、その学習

注11　現実社会とのつながりを意識した学習方法として、プロジェクト学習（Project Based Learning）やプロブレム学習（Problem Based Learning）などが展開されています。詳しくは、『プロジェクト学習とは――地域や世界につながる教室』と『ＰＢＬ――学びの可能性をひらく授業づくり』を参照してください。他にも、高校レベルではインターンシップやサービス・ラーニングなどがあります。これらの参考になる本としては、『The Big Picture（一人ひとりを大切にする学校――生徒・教師・保護者・地域がつくる学びの場）』があります。本のタイトルにあるように、私たちはもっと全体像を見て実践する必要があります。

テーマに個人的なつながりを見出すことができれば、その概念を自らが生きている状況と関連づけて、より深く学ぶことができます。先のハンムラビ法典の例でいうならば、他の文化や社会のことを調べることにも広がっていくでしょう。

チェックポイント

☑今日の授業を、生徒の生活につなげるための接点はどこにありますか?

指標①の習得に向けたアクション

あなたの現状について振り返り、それを踏まえて次のステップに進むために、指標①の中心的な概念に対応した、次のアクションを実践してみてください。

アクション——教科の知識を正確に、そして明確にする

ほとんどの教師は、教員養成課程で学んでいたころに受けたプラクシス試験【アメリカの教師認定試験】のような、自分が専門とする教科内容の試験を受けて以来、自分がもっている教科内容の知識を十分に確認したり、疑問をもったりしたことがないでしょう。はっきりいって、その教

科内容の講義を受けたからといって、たしかな内容の知識が保証されるわけではありませんし、その内容を他の学習内容とつなげる能力が身につくわけでもありません。そのため、自分の知識の正確さを確認するために、他の方法を探す必要があります。

自分がもっている知識の正確さを確認するための方法の一つは、それに長けた人と一緒になって、今後のユニット[注12]に関連した学習の流れ、内容、つながりについて話し合うことです。この話し合いは、教科の内容をより全体像につなげるためのアイディアや、知識を深めるアイディアにつながるかもしれません。事前にいくつかの質問を用意しておくと、話し合いの指針になります。次のような事例を考えてみましょう。「○○」という、教えるのが難しい概念があるとします。それを初めて学ぶ生徒にどのように説明しますか？　あなたが専門とする教科は他の教科とどのようにつながっていますか？　あなたが専門とする教科で新しい内容は何ですか？

知識に長けた人と話し合うことができない場合（または、話し合うことが怖いと感じる場合）、知識の正確さを確認するためのもう一つの方法として、あなたが実施する授業の学習内容について、生徒がもっている素朴な考え方（素朴概念・誤概念）を勉強することがあげられます。たと

注12　日本語に訳すと「単元」となる、学習のひとまとまりのことです。ただ、「単元」と訳すと教科書の「課」に過ぎないものというイメージで受け取られるのを避けるため、ここでは「ユニット」としています。

えば、小学校から高校までの教師が何度も目の当たりにする生徒の誤概念の一つに、「心臓に戻る血液は青い」というものがあります。(注13) このような発見は、毎日の授業のなかでよく起こることです。しかし、少し調べれば、それが真実ではないことがすぐにわかります。なぜこのような誤概念が生徒たちの間で広がってしまうのか、教師は説明することができるでしょう。それを通して、教師は自分の知識の正確さを確認できるのです。別の事例をあげれば、歴史的な経緯を学ぶことで、物語やその解釈が時間の経過とともにどのように変化してきたかを明らかにすることができます。認識がより正確になることもありますし、認識が不正確になることもあります。算数・数学では、生徒が問題を解く際に何につまずいているのかを考えてみるとよいでしょう。国語では、書くことの指導で使われている用例の変化とともに、よくある書き間違いを再確認することができます。

1年近く前、教育実習をしている私の指導学生の一人が、教師として教科の知識に対する自信を高めるにはどうしたらよいかと尋ねてきました。この会話が進むにつれ、この学生は中等教育の理科の科目の平均点が3・5点(注14)であったにもかかわらず、自分の専門とする教科のなかで重要な概念を関連づけていくことが難しいと感じていることが明らかになりました。この学生に対する私の答えは「とにかく本を読んでください」というシンプルなものでした。教師は、自分が専門とする教科に関する本を読むことがあまりありません。(注15) 読みさえすれば新しい発見があり、知識が得られます。あなたが教科に関する本をよく読むようになると、そこで得られる情報は（すでに知っていることばかりなので）、あなたにとって不必要なものが多くなっていきます。そうなったら、あなたは流し読みをすればよくなり、新しい情報のみに注意を払うことができます。ただし、インターネットで入手できる豊富な情報源には注意が必要です。なぜなら、インターネットには何百万もの学習指導案が存在していますが、その質や正確性を保証するフィルターがないからです。

最後に、教科の知識の正確性を向上させるもう一つの方法は、あなたが尊敬する同僚や管理職に授業に同席してもらって、あなたが授業で提示した知識を率直に評価してもらうことです。そして、必要に応じて改善のための提案を求めるのです。

学習の効果を最大化するためには、授業の目的や活動内容をわかりやすく示すことが絶対に不可欠であることが、長い間知られてきました［参考文献36、参考文献44］。教師は、授業を計画していく

注13　実際に、日本の中学校理科の教科書『新編 新しい科学 2』（東京書籍）では、心臓に戻る静脈血が青色で描かれていました。こうした描画に起因する誤概念と捉えられます。

注14　最高点は4点なので、かなり高いことを意味します。

注15　本書を読まれている方は、当然そうではないでしょうが、教師の読書離れを明らかにした調査研究も存在します。それらの調査結果に鑑みれば、この指摘を簡単に否定することはできないのではないでしょうか。

なかで、目的や活動内容をわかりやすく示す能力を身につけなければなりません。私たち教師は、自分が教えていることがわかりやすいと思い込みがちです。したがって、わかりやすさを裏づける客観的な証拠を探すことが重要です。授業中、生徒が問われている内容を正確に理解している場合、あなたの質問はわかりやすいといえるでしょう（これは、答えがすぐにわかるという意味ではなく、目の前の課題がわかりやすいという意味です）。生徒に対し、質問を何度も言い換える必要がある場合、質問のわかりやすさに問題があると思われます。

ただし、提示したものが考えがいのある質問である場合は、それが（尋ね方としては）わかりやすいものであっても、生徒に対して支援が必要でしょうから、質問を適切に言い換えることもあります。授業で知識を身につけ、目標となる水準に達している生徒であるにもかかわらず、テストでうまくいかなかったという場合、考えられる原因としては、問題の文言がわかりやすくなかったか、あるいは生徒が身につけた知識を正しく把握できていなかったかのどちらかだと考えられます。また、業者が作成したテストや評価法を使用する際にも注意が必要です。それらは授業の目的に対して複雑すぎたり、書き方が不十分な場合があったりするからです。

わかりやすさとは、単により多くの情報を生徒に伝えることではありません。他の章でも示すように、よりわかりやすく情報を伝達することだけでなく、学びがいかに促進されているかが重要なのです。

チェックポイント

☑教科の知識の正確さを日々確認するために、あなたには何ができますか？
☑あなたの授業はどこがわかりやすい、またはわかりにくいですか？
☑その証拠は何ですか？
☑その弱点となっている分野をわかりやすく教えるためにはどうしたらよいですか？

アクション——うまく一貫した授業を展開する

授業や授業計画を見ていると、「一つだけ違う」というセサミストリートの歌の一節が頭に思い浮かぶことがあります。(注16) 要するに、スタンダード、目標、授業、評価の間で頻繁にずれが生じていることに気がつくことがあるのです。

新しいスタンダードでは、すべての授業の目標、方法、評価が一貫していることを確認するこ

注16　YouTubeの動画「Sesame Street: One of These Things」(https://youtu.be/rsRjQDrDnY8) を参照してください。四つの風船のうち一つだけ違う色の風船があります。

とがとくに重要です。以前のスタンダードと似たようなことを教えていると感じるかもしれません。しかし、学習活動を示す表現のうち、重要な動作動詞の部分が変更されたという事実を見落としているかもしれません。生徒は、単にリストアップすることや暗唱することを求められる代わりに、比較すること、対比すること、計算することを求められるようになったかもしれません。学習活動が変われば、授業全体のねらいも変わることは想像に難くないでしょう。[注17]

従来まで、教師はスタンダードに示された内容をそのまま教えるケースがほとんどでした。[注18]一方、新しいスタンダードでは高次の思考を求めるので、目標やスタンダードに合わせて教師は生徒の学習を支援する必要があります。

長年にわたり、ウィギンズとマクタイは、教師、学校、教育委員会が「逆さま設計モデル[注19]」を採用するのを支援してきました［参考文献53］。このモデルでは、生徒の最終的な姿に焦点を当てます。つまり、ユニットの最終段階で生徒が何を知り、何ができるようになっていてほしいかを明確にし、その目標が達成されるような学習の枠組みをつくるために、どのような学習活動が必要なのかを考えることが、逆さま設計なのです。

チェックポイント

☑あなたの直近の授業では、スタンダード、目標、授業内容、評価がすべて一貫していましたか？

☑テストの問題はスタンダードや目標を反映していましたか？

☑前回の授業では、生徒は目的に沿った学習活動（例　「正当化」「評価」「計算」「比較」）を実際に行いましたか？

☑もしそうでない場合、その学習活動を行うために必要なことは何ですか？

アクション――学習をつなげるために「鍵となる問い」を活用する

学習の「鍵となる問い」とは、ユニットを進める原動力となり得る、その教科の全体像につな

注17　英語の動詞には、「動作動詞」と「状態動詞」という分け方があります。「動作動詞」とは、「書く」「読む」など、動作や変化を表す動詞のことです。一方「状態動詞」とは、「ある」「いる」のように進行形にできない、継続した状態を表す動詞のことです。

注18　日本の場合は、「教科書」にある内容をそのまま教えることがほとんど、といえるでしょうか。

注19　通常の授業設計と逆さまの授業設計の違いは、以下のとおりです。通常の授業設計は、目標を決めた後、授業の流れを考え、教え終わった後に評価を考えます。逆さまの授業設計は、目標を決めたら、（授業の流れを考えるのではなく）評価の方法をまずは考えます。そして最後に、目標と評価を達成するための授業の流れを考えます。このように、「生徒の評価方法を授業の流れの前に考える」ことが逆さまの授業設計のポイントです。詳細は『理解をもたらすカリキュラム設計――「逆向き設計」の理論と方法』を参照してください。

がる問い、生徒にとって馴染みのある問い、時事問題と潜在的に関連している問いなどのことです(注20)。このような問いは授業の枠組みをつくるのに役立ちます。生徒の興味を喚起し、教科の全体像につなげることが目標であるならば、授業中頻繁に、鍵となる問いを言い換える必要があります。問いのフレーズが上手く表現され、問いをもとに学習が展開できることが重要です。

しっかりとした鍵となる問いを表現するための情報源はたくさんありますが〔参考文献32〕、一般的に、優れた学習の鍵となる問いには以下の要素が含まれています。

(1) 探究心と好奇心をかき立てること。
(2) 複数の視点からの検討を必要とすること。
(3) 学習内容における主要な概念または鍵となる考え方を取り入れていること。
(4) 考えやデータを深く批判できるような分析を促進すること。

したがって、上手く表現された鍵となる問いは、難しい語彙や複雑な文言は使わずに理解しやすいものであると同時に、豊かな議論と深い思考を促します。以下は、複数の教科や学年にまたがる鍵となる問いの例です（カッコ書きは対象となる教科です）。

・英雄とは何か（国語[注21]、社会科）
・ビジネスで利益を最大化するにはどうすればよいか（経済、数学）
・科学的な主張を信じるためには何が必要か（理科）
・何のために戦う価値があるのか、公平な戦い方とは何か（社会科）
・いつ見積もりをするべきで、いつ正確にするべきか（数学、理科）
・フィクションと真実の境界線は、いつ曖昧になるのか（国語）
・広範囲に蔓延する伝染病をどのように抑えるか（理科[注22]）

注20　訳者の一人がこれまでに聞いた鍵となる問いで一番魅力的なのは、1980年代の後半に当時の世界史の教科調査官から教えてもらった「フランス革命はいつはじまって、いつ終わったか」です。彼は、「この問いで1年間の学習をしてもらって、いっこうに差し支えありません」とも言い切りました。詳しくは本文中のQRコードを参照してください。

注21　アメリカの国語科では、スーパーマンの影響からか、この問いを追究するユニットがこれまで多く報告されてきました。

注22　2022年5月現在、新型コロナウイルス感染症（COVID-19）が世界中で蔓延しています。この問いの解決を探るには、政治学、経済学、哲学、法学、倫理学、数学、生物学など、あらゆる専門家が協働して考えていく必要があります。

チェックポイント

☑今後2～3週間の間、あなたの教室において、学習を促進する鍵となる問いは何ですか？
☑あなたが教える教科や学年で、最も難しいテーマや概念は何ですか？
☑他の教師と協力して、そのテーマや概念をより意義深いものにするために、鍵となる問いについてブレインストーミングしてみましょう。

アクション――「入室前の自己問答」で学習テーマと生徒をつなげる

毎日、あなたが教室に入るとき、自分自身に次のような質問をしてみましょう。「この授業は、教科の全体像とどのように関係しているのか」「この授業は他の教科とどのように関係しているのか」「時事問題とのつながりはあるのか」「それは生徒とどのように関係しているのか」

これらの質問に一つも答えられない場合、その学習テーマや概念は次の二つのうちのどちらかである可能性があります。

（1）その学習テーマや概念は、目的を達成するための手段であり、あとで他の考えや概念の学習を深めるのに役立つものである。

（2）その学習テーマや概念は取るに足らないものであり、それを教える必要があるのか真剣に考える必要がある。

学習が目的を達成するための手段である場合、その学習が教科の全体像において、どこにどう位置づけられるかを常に考えることが重要です。「足し算は、いつか学ぶ微積分に役立つ」と生徒に教えるだけでは十分ではありません。もちろん、これは極端な例ですが、教師が行っている関連づけの多くは退屈なものであり、生徒にとってはまったく刺激になりません。それよりもむしろ、授業を具体的にする必要があります。たとえば、生徒が専門家と関わる機会を（バーチャルまたは対面で）提供したり、世界中の他の生徒と関わる機会を提供したり、ブログやウェブサイトに作品を投稿して、他の人が自分のアイディアを見たり批評したりできるようにしたりします。理科では、生徒はエコロジカル・フットプリント【地球への環境負荷を面積として算出する指標のこと】を減らす持続可能性に関する問題を取り上げることができます〔参考文献20〕。また、ある小学校では、「ダ・ヴィンチのように考える」という大きなテーマを設定して、各学年で思考の種類（例　観察する、創造する、視覚化する）に焦点を当てた授業を行っています。算数・数学では、問題に場面設定をつくるようにします。たとえば、単に45＋37の問題を解くのではなく、「ジョアンは45ドルを持っていて、フアンは37ドルを持っています。さて、二人で合わせていくら持っているでしょうか？」と生徒に尋ねます。最初の例は、より抽象的なもので、二番目の例はより具体的なものです。(注23) 私たちは、まず抽象的なことからはじめて、時間が許せば応用問題として具体的なものを、という展開にしてしまう傾向があります。(注24) しかし、本来は、常にその逆の展開であるべきなのです。場面設定がなければ、意味も価値もそこにはありません。

チェックポイント

- ☑今日の授業は、教科の全体像とどのように関連していますか?
- ☑学習テーマに関連する時事問題は何ですか?
- ☑今日の授業内容は、生徒にとってなぜ重要なものですか?
- ☑具体的なことから抽象的なことへと、どのように移行していきますか?

注23　この事例は当たり前すぎて、あまり適切とはいえません。二桁の足し算という学習内容であれば、どの算数の教科書も場面設定から入っているでしょう。このような例として、他の本などであげられるのは、生徒の家族の実際の悩みとして、学費をローンで借りたときの複利計算などがあります。このように、著者が本来訴えたい「場面設定」というのは、生活上、実際に困っていることを学習内容で解決する場を設定するということだと捉えられます。

注24　たとえば、○○の法則の式をまず学習し、そのあとで○○の法則を使って問題を解くような授業の流れのことです。ここで著者が指摘しているのは、授業の最初には具体的な場面を設定することが重要であるということです。

第2章

指標②：
生徒中心の学習方法と、
リソースやテクノロジーを
一体化させる

Highly Effective Teacher

TIP 2:
Strategies, Resources, and Technologies That Enhance Learning

よい指導とは、意図をもって行動し続けることです。自然発生的に生まれる効果を期待して、生徒にテクノロジー(注1)を配付し、とくに目的をもたない指導方法を展開しても、意味はありません。指標①では、カリキュラムに学習の鍵となる問いをもち込むことが、いかに効果的な指導と学習の支援に不可欠であるかを説明しました。続くこの指標②では、よい指導方法とテクノロジーを含むリソース(注2)とは何かということに焦点を当てます。

方法とテクノロジーは、一見関係のないもの同士のように思えます。方法とは指導のやり方であり、テクノロジーは学習を促進するためのツールです。しかし、意図をもった指導を行うためには、この二つをバラバラに考えるのではなく、うまく連動させることが必要です。テクノロジーやその他のリソースを教室にもち込んでも、それらがどのように学習方法と融合するかを考えなければ意味がありません。方法とテクノロジーが一体となっていれば、意図をもった指導によって、生徒の学習の質を大きく向上させることができます。

それとは反対に、明確な意図がないと学習は目標や目的から乖離してしまい、「学習テーマについては扱っているものの、ただ忙しいだけの活動」になります。しかし、明確な意図があれば、カリキュラムの枠組みと学習方法やリソースを一体化させることができ、すべての生徒に一貫した確実な成長をもたらすことができるのです。

指標②では、主として次に示す二つの問いに焦点を当てています。

(1) あなたが使う方法は、すべての生徒を夢中で学習に取り組ませることができますか？（生徒中心の方法）

(2) あなたが授業で使用するリソースやテクノロジーは、学習目標に沿ったものであり、生徒を夢中で学習に取り組ませることができますか？　それらは教室での学習を変える可能性を秘めていますか？（リソースとテクノロジー）

注1　本書では学習を支援する情報通信機器（たとえば、パソコン、タブレット端末など）という意味で「テクノロジー」という言葉を用います。

注2　情報通信機器のみならず、学習を支援する教具全般という意味で「リソース」という言葉を用います。

生徒中心の学習方法（注3）

教師としての成長において、過去の経験や専門とする教科の知識、教える技術に個人差があるように、生徒も学習のスタート地点や理解の早さに個人差があります。このような生徒のスタート地点の違いを解消して学力格差を縮めるため、これまで激しい議論と膨大な研究が展開されてきました。すべての生徒に力をつけたいと願うならば、私たち教師は多様な背景、異なる達成レベル、異なる経験をもつ生徒一人ひとりを褒め、励ますと同時に、私たち教師も一人の「学習者」として生徒と交流し、ともに成長しなければなりません。

長年にわたって試みられてきた解決策は、教えて、模範を示して、練習させて、そしてテストすることでした。この教師中心のアプローチでは、教師が教え、教師が模範となり、生徒が真似をします。そして、テストでは基本的に、教師が生徒に教えた知識を生徒が繰り返します。このアプローチは今でも多くの教室で採用されています。では、なぜそれを変える必要があるのでしょうか。

第一に、生徒のニーズがこれまでの世代とは大きく異なっていることです。変化が激しい情報化社会では、キーボードやスマートフォンの数回の操作によって、ほしい情報が手に入るようになっています。歴史上の重要なできごとの詳細を知ること、シェイクスピアの劇を体験すること、掛け算表を暗唱すること、ニュートンの運動法則を定義することはたしかに重要なことではありません。しかし、今日の教室では、単に暗記や事実の復唱を要求するだけで、次の学習内容に進むことはできません。さらに、情報の収集と共有という点において社会が変化してきたことで、そのニーズも変化してきています。私たちは、医療、政治、経済、工学などの領域で大規模なデータを分析し、複雑な問題の解決策を考える方法を学ばなければなりません。さらに、21世紀を生きる学習者への要求[参考文献38]として、すべての生徒がクリティカルな思考（Critical thinking）[注4]、コミュニケーション（口頭と筆記）（Communication）、協働する力（Collaboration）、創造力（Creativity）を発揮することが求められています。[注5] さらに、コミュニケーションや協働する力な

注3　これに関する参考文献として、『シンプルな方法で学校は変わる』（とくに、300〜306ページ）、『歴史をする』（とくに、224ページ）、『学習する自由』、『たった一つを変えるだけ』、『最高の授業』、『あなたの授業が子どもと世界を変える』、『「おさるのジョージ」を教室で実現』、『退屈な授業をぶっ飛ばせ！』、『私にも言いたいことがあります！』、『教科書をハックする』があります。その他にも、本文中のQRコードのリンク先に掲載されたものなどがあります。

注4　一般的に「批判的思考」と訳されますが、それが占めるウェートは4分の1から3分の1ぐらいで、主要な部分は「大切なものを見極める力」と「大切でないものを排除する力」が占めています。

注5　これら四つの能力はすべてアルファベットのCではじまることから「21世紀に大切な4C」といわれています。

どのスキルと、スタンダードで示されている主要な学習内容の理解の両方を達成するためには、生徒は教材に夢中で取り組む必要があります。そのためには、抽象的な学習内容に取り組む際、その前段階として具体的な学習内容で考える必要があり、これは指標①での議論とも関連しています。

チェックポイント

- ☑前回の授業で、あなたはどのように学習を「見える化」し、「具体化」しましたか?
- ☑これからの授業では、どのように「見える化」と「具体化」を行いますか?
- ☑前回の授業では、具体的な内容と抽象的な内容のどちらを先に扱いましたか?

今日の教室で採用されるべき指導方法は、生徒が基本的なスキル(明確な文章を書く能力や、基本的な掛け算をすらすらと計算できる能力など)を身につけるだけでなく、生徒が自身にとって意味のある問題に取り組むことで、実生活と関連する考えを学べるようにしなければなりません(たとえば、自分が伝えたい内容を説得力のある文章で表現したり、約160平方メートルの家を建てるのに必要な材料を計算したり、特定の問題の解決策における科学的な証拠を集めて伝えたりすることなど)。基本的なスキルを身につけるとともに、生徒が自身にとって意味のある

指標②：生徒中心の学習方法と、リソースやテクノロジーを一体化させる

評価	1 改善する必要がある	3 うまくやれている	5 模範的である
生徒中心の方法（②a）	生徒中心のアプローチで学習を促進する。		
	指導方法と学習が完全に抽象的である。	指導方法が抽象的な概念やアイディアを学ぶための具体的な経験と視覚的な手段を提供している。	「3　うまくやれている」の内容に加えて、具体的な経験と抽象的なアイディアを結びつけるために、明確なつながりがつくられている。
	生徒は受動的な学習者であり、指導は主に孤立した事実や知識の暗記に焦点を当てている。	生徒は能動的な学習者であり、概念的な理解を構築する方法をもとに、授業の大部分に参加している。	生徒は授業を通して常に能動的な学習者であり、深い概念的な理解を促進するために知識とスキルを統合することに焦点を当てている。
	学習は教師が中心となり、教師が指示しているだけである。	指導方法は、おおよそ生徒中心で、教師が例として示したものを模倣するか、または検証する以上のものである。	指導方法は一貫して生徒中心のもので、教師がモデル化したものを模倣するか、または検証する以上のものである（生徒が自ら解決策を探り、それを検証するような学習となっている）。
リソースとテクノロジー（②b）	学習を支援するためのリソースとテクノロジーを提供する。		
	教材やリソースは、学習する抽象的な概念を具体化するのに役立たない。	教材やリソースは、学習する抽象的な概念を学習するための具体的かつ視覚的な手段を提供している。	教材やリソースは、生徒が学習する抽象的な概念を具体的かつ視覚的に学習するための複数の方法を提供している。
	教材、リソース、方法、テクノロジーは、大部分が欠けているか、目的を欠いており、学習の妨げとなり、効率性に欠ける。	教材、リソース、方法、テクノロジーは、過度に気が散ることなく、目的をもっており、学習を促進するものとなっている。	教材、リソース、方法には目的があり、提供されたテクノロジーは、私たちにはできないと思うことを可能にするものとなっている。

出典：[参考文献 28]

問題に取り組むということは、生徒にすべてを教えて、事実を暗記してもらうという学習スタイルでは達成されません。より複雑な学習テーマを扱う必要があります。つまり、生徒にとって魅力的で、生徒自身に関連があり、スタンダードや目標に沿ったものから学習をはじめることを意味します。基本的なスキルを身につけることは、学習と並行して目的をもって行うことになるのです。

読者のなかには、次のように反対する人もいることでしょう。「ジョニーは読むこともできないのに、どうやって複雑な内容を探究するというのですか?」「シルバはまだ九九が言えないのに、どうやってたくさんのデータの解釈をはじめろというのですか?」このような反対意見に対して私はまず、「一般論として、学習が現実の世界と関連していることを示すことに意味がある」と答えるでしょう。では、世界中の多くの問題の震源ともいえる現代の二つの有名なテーマ、「戦争」と「気候変動」を例に考えてみましょう。

過去の戦争や紛争に関連した事実を単に暗記しても、戦争をなくすためのアイディアは生まれませんし、将来の世代に劇的によい影響を及ぼすことも期待できません。妥当なアイディアとしては、まず「二つ以上の集団が、ある問題をめぐって戦争をしようと強く思うのはどんなときか」「戦争には正当な理由があるのか」などの大まかな問いで探究することから学習をはじめます。このような問いに対処するためには、過去を研究することも必要ですが、生徒が現代の人々や社会について知っていることを把握することも必要です。

同様に、気候変動について十分に理解するには、微分方程式を解く能力と、気候変動を徹底的にマップ化して複雑なモデルを開発する能力が必要です。ただ私たちは、全体的な理解に必要な知識やスキルをすべて身につける前であっても、このようなテーマについて知的な議論をすることができます。これが生徒たちを現実世界に関わらせることの利点です。

学習は、意味のあることに取り組みながら、スキルを向上し続けていくことが必要です。生徒が能動的な学習者であることを前提としたこの学習方法は、すべての人を夢中にし、挑戦させ、「一人ひとりをいかす」(注6)ことを可能にします

このように、生徒をロボットのような受動的状態にとどめるのではなく、学習に夢中にさせるための方法は数多くあります。具体的には、探究学習やそれとほぼ同じといえるプロブレム学習とプロジェクト学習(注7)などの方法を使えば、生徒は目的をもって学習に夢中で取り組むことがで

注6　原著では「differentiate」という語を用いています。「differentiate」には一般に「〜を区別する」という訳語が当てられていますが、教育の文脈では一人ひとりの学習者としての違いを踏まえた教え方・学び方を可能にするという意味の方が適切です。必ずしも個別化は意味しません。詳細は『ようこそ、一人ひとりをいかす教室へ』を参照ください。

注7　53ページの注を参照してください。探究学習には、『だれもが科学者になれる』、『歴史をする』、『社会科ワークショップ〜自立した学び手を育てる教え方・学び方』、『数学者の時間』がおすすめです。

きます。生徒を中心とした学習方法をほとんど実践したことがない教師にとっては、個人あるいは学校として焦点を当てるべき重要な領域です。

過去数十年にわたり、探究学習を促進するためのさまざまなモデルが提案されてきました。そのなかには、5Eモデル〔参考文献9〕、4E×2モデル〔参考文献26、29〕、学習サイクル〔参考文献23、24〕などが含まれます。(注8) これらはすべて、教師が学習内容に関する説明を行う前に、生徒が概念を探究する機会が必要であるという考えに基づいています。長年行われてきた昔ながらのカリキュラムでは、「最初に伝えて、その後確認する」というアプローチが続けられてきたため、この点を教師が変えることは難しいかもしれません。しかし、生徒の興味を引き、やる気にさせたいのであれば、生徒が疑問をもち、学び、創造していく必要性をつくり出さなければなりません。生徒は二次方程式を解いたり、光合成を勉強したり、スピーチの一部を学んだりしたいと思って授業に来ているわけではないのです。しかし、質問が十分に多様で、もしくは課題が十分に意味のあるものであれば、すべての生徒に目的とする内容の学習に取り組ませることができます。

チェックポイント

☑ 前回の授業で、あなたは生徒がただ聞いたり真似したりするだけでなく、どのようにすべての生徒を夢中にさせようとしましたか?

☑ そのアプローチは効果的でしたか?
☑ 効果があったとしたら、どのような工夫をしましたか?
☑ その証拠は何ですか?
☑ 効果がなかった場合、どのように変更する必要がありますか?

ある5年間の研究［参考文献27］によると、教師の力量によって、すべての生徒の学力を高めつつ、学力格差も縮めることができることが示されています。具体的には、探究学習の量と質の向上に焦点を当てた2年間の継続的な教員研修に参加した教師は、次のような結果を示しました。この教員研修に参加した教師が教えた生徒は、参加していない教師が教えた生徒と比較して、学力の向上を示したのです。その学力差は日数でいうと、3~6か月かけなければ追いつけないような差でした。この研究には1万人以上の生徒が参加しており、比較は人種、性別、研究開始時の得

注8　5Eモデルは、「夢中で取り組む（Engage）」「探究する（Explore）」「説明する（Explain）」「入念に行う（Elaborate）」「評価する（Evaluate）」を指し、4E×2モデルは「夢中で取り組む（Engage）」「探究する（Explore）」「説明する（Explain）」「広げる（Extend）」が4Eを、「評価する（Assess）」と「振り返る（Reflect）」が2を指しています。そして学習サイクルは、「夢中で取り組む（Engage）」「探究する（Explore）」「説明する（Explain）」「適用する（Apply）」を指しています。

点、無料または減額した昼食プログラムの適用の有無等をアンケートしたうえで行われました。[注9]

探究を成功させるためには他の指導要素も重要ですが、まずは教師が説明したり手本を見せたりする前に、生徒が探究するテーマについての理解の共有を行うことが必要です。このパラダイムシフトに相当な時間と努力をかける必要のある教師もいますが、その効果は絶大なものになります。また、既存の授業の構成を変えて、「説明」の前に「探究」を行うだけの簡単なやり方もあります。

探究を成功させるためには、生徒が探究に対しより多くの責任を負うようになるにつれて、教師は生徒の探究を適切に支援していく必要があります（指標④では、すべての生徒がより成長するための支援と、一人ひとりをいかす教え方についての詳細な議論について詳述しています）。

具体的な問題や特徴は異なるかもしれませんが、探究の本質はどの教科でも同じです。書くことの指導の授業では、生徒はどのようにすればすばらしい文が書けるのかについて探究することができます。たとえば、古典文学、自作の論文、マニュアル、雑誌、歌詞、小説、ブログなどを読んで、どのようなものがすばらしい文章といえるのかを理解し、それを伝える活動が考えられます。生徒がいくつかの例を一読したら、その文章の優れた点はどこかについて考えます。具体的な例（すばらしい文章）からはじめ、「よい文章の特徴とは何か」を考える、というアプローチになるよう留意してください。このアプローチであれば、生徒は議論する準備ができていますし、教師に支援してもらいながら、ある文章が他の文章よりも優れている理由を明らかにすることができるでしょう。また、その文章の優れた点は、「自分ですばらしい文を書くことができるのか」という目的と関連させたものであるべきだと、生徒は気づくことができるでしょう。たとえば、マニュアルに求められるのは明快さと簡潔さですが、小説の目標は複雑なストーリーを通して登場人物の詳細な描写を伝えることではないでしょうか。学習すべきことは、ある目的に沿って自分自身の文章を改善していくことなのです。「特定のルールや慣習（抽象的なもの）を暗記し、それを自分の文章に応用する」というアプローチは、「他人の文章を読んで分析し、その文章のよいところ、そうではないところを議論して、自分の文章にいかす」というアプローチよりも効果的ではないのです。

もちろん、他の教科でも同じことがいえます。理科の授業では、「明日の天気を予測できるか」という、学習の鍵となる問いを基盤にして、学習活動をはじめることができます。この問いなら、生徒は「気象学者や気象モデルを上回ることができるか」という挑戦ができます。同様に、経済の授業では、生徒は「株式市場のパフォーマンスの特定の側面を上回ることができるかどうか」

注9　アメリカの公立小学校では、低所得家庭の子どもを対象に、所得に応じて昼食が無料になったり減額されたりする取り組みが実施されています。この観点を設定することで、家庭の経済状況による比較ができることになります。

という問いを基盤に、自分が専門家よりも優れているかどうかを確認することができます。どちらの例でも、教師が生徒と協力して本質的な要素や概念を学習しながら、現実世界のより難しい状況に生徒を引き込むことができます。国語や社会科では、教師は生徒に、重要な時事問題のテーマについて、説得力のある短い文章を書くように求めることができます。学習テーマが生徒自身と関連があるものなら学習は生徒の興味を引き、生徒中心のものとなり、教師が生徒と一緒に主張を述べ、証拠（データ）を明確にし、反論を構築し、反論に対してさらに反論し、説得力のある結論を導き出すことで、説得力のある議論を展開することができます。これらの実践において、生徒を授業に引き込むためには、生徒がその内容を学習する必然性がある授業構成にする必要があるのです。

チェックポイント

- ☑生徒中心の方法が、あなたの授業で最も価値を生み出すのはどのようなときですか？
- ☑生徒中心の方法をうまく活用するためには、どのような支援が必要ですか？

リソースとテクノロジー

教師は他のどの分野の専門家よりも、テクノロジーの使用に意欲をもちにくいのかもしれません。その理由はさまざまなことが考えられます。しかし、その結果として、学校教育では現代の教育システムの問題をすべて解決する万能薬として、テクノロジーに目を向け続ける文化が生まれています。この10年間、私は教室や学校、教育委員会、州のリーダーたちの間で同じ考え方を目の当たりにしてきました。「それを提供すれば、生徒は学習するだろう」という考え方です。「それ」とは、より多くのテクノロジーです。

教室に、より新しく優れたテクノロジーやリソースを求めるのは、完全に筋が通っているように思えます。しかし、私たちは多くの重要な問題に取り組むことを怠っています。最大の問題点は、「そのテクノロジーは生徒の学習をどのように促進させるのか」という問いに対して、有意義な議論がなされていないことです。さらに密接に関連しているのは、「テクノロジーはどのように指導を効果的にし、学習をマネジメントできるようにしてくれるのか」という問題です。また、テクノロジーを販売している人たちが話す、個人的なエピソードを除いて「テクノロジーが増えると、生徒の学習や対人関係、クリティカルな思考が促進する」ということを示唆するような研究はほとんど発表されていません。より大きな観点を明確にするために、いくつかの例をあげてみましょう。

チェックポイント

☑学習を具体化し、可視化するために、あなたが使用しているテクノロジーやリソースは何ですか?

☑テクノロジーやリソースが学習を支援しているという証拠はありますか?

例① 見せかけの書画カメラ

過去10年間で、アメリカ全土のさまざまな教育委員会は、電子黒板を教室に設置するために、数千から数百万ドルを投じてきました。その結果、何が変わったのでしょうか。

ほとんどの教育委員会では、すべての教師を対象に電子黒板に関する研修会を開催しています。しかし、電子黒板はスライドショーのプレゼンテーションを見せたり、メモを取ったりするための「見せかけの書画カメラ」として使われている状況があるようです。学校や教育委員会がよりハイテクになったことをアピールしているのですが、大半の教師は電子黒板を介して学習を実際に改善していくために、ほとんど何もしていません。実際、多くの中学校や高校の教師、生徒が、アイディアを共有したり、練ったり、伝えたりするために使用可能な黒板の余白が、ほとんどないと不満を漏らしています。つまり、「生徒の学習のゴールを第一に考えたとき、テクノロジーがどのように学習を支援したり、促進したりすることができるのか」ということを考えておらず、テクノロジーそのものに焦点が当たってしまい、学習が妨げられているケースがあるのです。

最近のニュース記事では、企業のトップ、科学者、アメリカ国防省のリーダーの多くは「プレゼンテーションが議論を制限してしまっている」と考え、今のところは会議でプレゼンテーションのスライドをあまり使用していないと報じられています。実際、ロバート・ゲイツ元国防長官は、CIAは地図や図表の共有を除いて、スライドを禁止していると述べています［参考文献55］。この見解は、あらゆるプレゼンテーションソフトを非難しているわけではありません。私たちが生徒の学習に焦点を当てたいのであれば、生徒が座りっぱなしで視聴する派手なプレゼンテーションを提供するのではなく、生徒が会話をし、協働し、作成する機会をつくる必要があります。とはいえ、教室からすべてのプレゼンテーションソフトを取り除くことに重点を置くべきではありません。むしろ、「生徒をより惹きつける」などの目標を達成するために、プレゼンテーションソフトをどのように活用するかを考える必要があります。

例②「さあ、これを渡しますから、使ってみましょう」

最近では、ラップトップパソコンやタブレット端末などのテクノロジーを、すべての生徒の手に渡そうとする取り組みが増えてきています。(注10) この取り組みは理論的にはすばらしいことですが、実際にはどのような状況になっているのでしょうか。ロサンゼルス教育委員会においては、財政支出が10億ドルを超え、まさに大惨事といえるほどの状況となって、テクノロジーが生徒の手元に届く前から失敗していました[参考文献15]。また、ある他の場所では教育委員会がデバイスを購入し、学期がはじまる直前に教師と生徒に与え、その後はすべての教師がすべての授業で生徒と一緒にデバイスを使用するという一般的なシナリオを想定していました。しかし、このアプローチは、生徒の能力の向上に焦点を当てた意図的なものではありません。もちろん、学校教育の教科学習に関連するアプリやプログラムはあります。しかし、これらのアプリやプログラムに対しては、以下のような疑問があげられます。「それらのアプリのうち、どれが学習を実際に改善しているでしょうか」「その主張を裏づける証拠は何でしょうか」「教師は本格的なデバイスの導入に向けた試験を行ったのでしょうか」「教育委員会のＩＴ担当者は３００人や３０００人の生徒が一度にすべてのデバイスを使用したとき起こることを把握するために、実際に（ネット回線等の）インフラのテストをしてみたのでしょうか」「カリキュラムの専門家は、アプリやプログラムが現在の学習の展開とどのように結びついているかを確認するために関わっていたのでしょうか」

重要なことは、テクノロジーは本質的によいものでも悪いものでもなく、「よい、悪いを決めるのはテクノロジーの使い方である」ということです。電子黒板やプレゼンテーションソフト、特定のプログラムが驚くほど使われはじめている例もあります。たとえば、Google EarthやGoogle Mapsを使えば、他の方法では生徒がとても行けないような場所へ、バーチャルな遠足をすることができます。グループでのメモ書きは保存してその場にいない人と共有したり、生徒が作業やデータを再確認する必要があるときにアクセスしたりできます。電子黒板は、瞬時に反応するシステムによって、評価のデータや生徒たちの成長に関する情報を提供することができます。しかし、私たちは、テクノロジーによる授業の充実と改革を特別なことではなく、当たり前のことにする必要があります。単に教室や教師のおもちゃリストに追加するだけではなく、学習と効果を結びつけ、意思決定者が十分な情報に基づく決定を行う必要があるのです。

テクノロジーについて、生徒が上の世代の人たちから教えられることがたくさんあるのは事実です。しかし、その逆もまた事実です。多くの生徒は、娯楽やSNS（ソーシャルゲーム、インスタグラム、ツイッターなど）に関連したテクノロジーに精通しています。一方で、教師は学習や知識の発展に役立つテクノロジーの使い方を紹介することができます（たとえば、Google

---

注10　日本でもコロナによる学校閉鎖の煽りを受けて2020年に文科省が前倒しをしたGIGAスクール構想により、1人1台化が進められました。ちなみに、この本の原著が出版されたのは2016年です。

Docsやその他のファイル共有、共同作業のためのテクノロジーなど)。その意味で、テクノロジーは生徒と教師の間にすばらしい相乗効果をもたらし、学習を促進するための強力なツールとなるのです。効果的に使用すれば、テクノロジーがこれまで不可能であった方法で生徒の意欲を高め、夢中になって学習に取り組むことができるようにしてくれます。

チェックポイント

- ☑あなたの教室で、最も効果的で「ない」リソースやテクノロジーの使い方はなんですか?
- ☑最も効果的な使い方とはどのような使い方ですか?
- ☑効果が薄いテクノロジーを別の何かに置き換えることはできますか?
- ☑あなたがテクノロジーを意図的に使っているということを示す証拠は何ですか?
- ☑教育委員会のテクノロジーに関するこれまでの取り組みや計画にはどのようなものがありますか?
- ☑その取り組みや計画が学習に役立つという証拠はありますか?

指標②の習得に向けたアクション

あなたの現状について振り返り、それを踏まえて次のステップに進むために、指標②の中心的な概念に対応した、次のアクションを実践してみてください。

アクション——感覚を働かせる／具体的にする

「『英雄』とは何か」「科学はどのように伝染病を防ぐことに寄与するのか」といった学習の「鍵となる問い」は、いずれも生徒を学習に惹きつけるための原動力となるかもしれません。ただ、これらの問いに答えるには、具体的な経験や表現という視点で考えることからはじめる必要があります。「英雄」とは抽象的な言葉であり、それを理解するためには、生徒は自分の生活の中で英雄のモデルや、英雄として代表的な人物の具体例を思いつかなければなりません。

ある研究によると、具体的な用語と抽象的な用語の両方でアイディアを示して探究させることは、どちらか一方だけを単独で行うよりも大きな学習効果があることが示されています［参考文献39］。具体的な例と抽象的な例の間を行ったり来たりするには、練習が必要かもしれません。しかし、それが成功したときには、長期的に身につく学習と深く関連づけることができます。たとえば、りんごについて話したり、黒板に「オレンジ」という文字を書いたりすることは、抽象的な活動です。写真を見せることで抽象度は下がりますが、実際にオレンジやリンゴを持って、生徒が感じたり、触ったり、匂いをかいだりすることで、より具体的な体験をすることができます。

学習する内容を目に見える具体的なものにできれば、生徒の文章はよりよいものになるでしょう。実際に目撃したことの説明が可能になるなら、理科の観察はより鋭いものになります。視覚的な経験は聴覚的な経験よりも強く印象づけられる傾向があるので、視覚的な表現（またはできるだけ現実的なもの）を提供して、教室での生徒同士の対話を支援しましょう。

チェックポイント

- ☑次の数週間の授業で、生徒のために具体的な体験や本物の体験を増やすには、どのような学習方法が考えられますか？
- ☑生徒が最もつまずく学習テーマは何ですか？
- ☑それらのテーマや概念をより具体的にするにはどうしたらよいですか？
- ☑抽象的な考えに移った後も、具体的な表現を取り続けていますか？
- ☑その根拠はありますか？

アクション――ベンチに座り続けた状態から、生徒を試合に参加できるようにする

あなたの人生を振り返ってみてください。際立って思い出されるのは、どのようなことですか？　他の誰かが何かをしているのを見ていたときですか？　それとも、自分が何かをしていた

ときですか？　他人がマラソンをしているのを見ていたときと、自分が実際に参加したときとでは、どちらが印象に残り、自分への影響が大きかったですか？　料理番組を見ることと、新しい料理を一からつくることではどうですか？　プレゼンテーションを聞いたときと、自分でスピーチをつくって発表したときではどうですか？　雄大な風景の写真を見たときと、友人とロッキー山脈北部をハイキングするときではどうですか？

他の人の行為を見ることによって学ぶことも、たしかにあるとは思います。しかし、より深く刻まれる思い出は、観客席を離れて実際に競技場に入ったときの経験から生まれます。教室でいえば、複雑な問題を協働しながら解決したり、提示された学習内容を超えた実験をデザインして実施したり、あるできごとを歴史上の人物の視点から調べて論文を書いたりすることが考えられるでしょう。

「教えるまでは、それが本当は何だったかわからない」と言われたり、それを自分に言い聞かせたりしたことは何度ありましたか？　まさにそのとおりなのです。教師は多くのことを知っていると主張します。しかし、何かを教えるとき、私たちは自分の知識の深さを試されます。教えることで、私たちは能動的に学習する状態に置かれるのです。

サッカー選手を目指している人が、ただサッカーの試合を見たり、サッカーの本を読んだりするだけでは、その成長が著しく制限されてしまうことでしょう。サッカー選手は実際にサッカーをしなければなりません。そうすることによって、試合のなかで基本的なスキルや細かいポイントを把握することができるようになるのです。最終的には、自分が出場した試合のビデオを分析するかもしれません。ピアニストでも、作家でも、宇宙飛行士でも同じことがいえます。宇宙飛行士の場合は、一般的に、実際に宇宙に行くのは一度きりのことなので、できるだけ多くのシミュレーションに参加します。

事実を暗唱することと、何かを本当に知っていることとの間には、大きな差があります。算数・数学では、足し算や掛け算の表を暗唱することができるようになります。しかし、足し算や掛け算の意味を本当に理解するまでは、ただ事実を暗唱しているだけにすぎません。事実と概念的理解の両方が重要ですが、事実だけでは永続的で目的のある学習としては十分ではありません。

チェックポイント

- ☑生徒がベンチ（受動的に知識を受け取る側）に座り続けた状態から、試合に参加できるようにする（能動的な学習者にする）ためにはどうしたらよいですか？
- ☑生徒からはどのような抵抗が予想されますか？
- ☑その抵抗はどのようにすれば乗り越えることができますか？
- ☑次の授業で、生徒が自分自身の学習に、より積極的に参加するための具体的な方法はありますか？

アクション――「猿まね」を越えて、生徒中心の学習へ

「すべての状況に最適な指導法はない」ということは明らかです。意図をもった教師は、目的や目標に合わせた方法を探し求めます。目標が「生徒を惹きつけたり、挑戦したりすること」を含む場合には、生徒中心の方法が必要です。教師が適切に支援する探究学習において、生徒は夢中になる深い学習を経験し、さらに中心的テーマに関する内容も学習することができます。

たとえば、「複数の結末がある、自分だけの冒険物語を書く」という学習活動を考えたとき、教師はアイディアや思考を整理するための「見える化」ツール【フローチャートやマトリックスなどの視覚的な表現によって、思考を整理するもののこと】を示したり、生徒自身が書いた冒険物語の展開における気づきや課題を話題にして、小グループや教室全体での対話を促進したりすることができます。また、生徒は歴史上の重要なできごとや科学的発見に焦点を当て、それらを冒険物語と関係づけ、冒険物語の執筆計画を修正することもできます。授業の目標が、物語の書き方をただ講義することではないということは頭に入れておいてください。むしろ、生徒が自分の考えを探り、質問をつくり、アイディアを発展させていくなかで、生徒があなたを必要としたときに適切に支援をしていくことが大切なのです。

算数・数学の場合、教師が適切に支援する学習では、問題やテーマに焦点を当てて短時間で行うことが多くあります。目標が「代表値を理解すること」であれば、次のような問題を提示することができます。「5人の自転車乗りが、同じ高速道路のマイルマーカー【鉄道や道路の起点として1マイルごとに置かれている標識のこと。1マイルは1・6キロ】1、4、10、15、25の場所に住んでいます。5人が集まろうとするとき、全員の合計移動距離を最も短くするためには、どこで会うべきでしょうか？」

チェックポイント

- ☑あなたが用いることができる学習方法は、どのように多様な生徒を惹きつけるのに役立ちますか？
- ☑特定の生徒に限定した学習方法にはどのようなものがありますか？
- ☑より多くの生徒を学習に夢中にさせるために、それらの学習方法をどのように修正しますか？

アクション――「それは妥当ですか？」テクノロジーの有効性を向上させる

「それは妥当ですか？」という質問は、学校や教室で取り入れられている指導のためのテクノロジーの目的や価値を考えなければならないことを思い出させてくれます。テクノロジーは単なる道具でしかなく、教師は道具を使う者であることを忘れてはいけません。単に「より多くのテクノロジーを増やす」という考え方ではなく、「目的をもってテクノロジーを活用する」という考え方に移行する必要があるのです。

ムーアの法則は、コンピューターの処理速度が指数関数に近い速度で増加し続けていることを示しています（コンピューターの電源に使われるトランジスタの数は約2年ごとに倍増していま す）。この成長は、オレゴン・トレイル(注11)のような初期のコンピューターゲームみたいにピクセル化されたシンプルなグラフィックから、印象的な高解像度のグラフィックを備えたより新しく複雑なマルチユーザーインターフェースへと私たちを移行させました。しかし、この成長はアプリやプログラム、機器が陳腐化する速さを考えると、限られた資金をテクノロジー（ハードウェアとソフトウェアの両方）のどこに使うべきか、学校の指導者を悩ませることにもなります。

教職員や学校の指導者を対象としたテクノロジーの研修会はすべて、次の二つの原則に基づいて行われる必要があります。一つ目は、「このテクノロジーは、具体的にどのように生徒の学習を改善してくれるのか」です（この質問の検討には、そのテクノロジーが何に取って代わるもの

注11　1971年に開発されたゲームです。オレゴン・トレイルとは、西部開拓時代にアメリカ中部から西海岸北部のオレゴン州を目指して開拓者たちが通った街道であり、この街道の歴史を学習する目的でつくられました。

なのかを示すことも含まれていなければなりません）。そして二つ目は、「このテクノロジーは、教師の指導や支援の効率をどのように上げるか」です。大げさな回答やありふれた回答は、警告のサインと捉えるべきです。「これにより生徒が成長します」や「教師の指導や支援がより効果的になります」というような、ざっくりとした表現で示される価値があること自体はよいでしょう。ただ、2年生の生徒や7年生の社会科の教師にとって、具体的にどのような意味があるのでしょうか。おそらく、よりよいアプローチは授業で使用される特定のソフトウェアを取り上げ、そのようなプログラムを使用することの長所と短所を議論することでしょう。たとえば、生徒が算数・数学や歴史の概念を学ぶためにゲームを選択した場合、周辺的な活動（たとえば、アバターを設定する、ルールを学ぶ、サイトへのアクセス方法を教えるなど）にどのくらいの時間を費やし、学習の目標（計算を速くする、歴史的なできごとを学ぶなど）にどのくらいの時間を充てることができるのでしょうか。

チェックポイント

☑今現在、最新のテクノロジーと呼ばれるものであっても、すぐに時代遅れになってしまいます。では、限られた予算をどこに充てるべきでしょうか？

☑テクノロジーはすべての生徒の学習を改善するのにどのように役立つのでしょうか？

☑どのツールが生徒に最もメリットがあるのでしょうか？　また、その理由は何でしょうか？

☑より具体的な経験をどのように支援できるのでしょうか？

☑テクノロジーを使うのか、使わないのか、いずれの場合でも、生徒の経験をより具体的にする方法はあるのでしょうか？

アクション——目新しいだけのテクノロジーではなく、目的をもった変革的なテクノロジーを確保する

２０１０年、ルーベン・プエンテデュラ博士は、ＳＡＭＲモデルを開発しました。ＳＡＭＲモデルは、テクノロジーの使い方に関する四つの役割／レベルを定義したモデルです。ＳＡＭＲとは、「代替（Substitution）」「拡大（Augmentation）」「変形（Modification）」「再定義（Redefinition）」の頭文字です。[注12] 各レベルは学習に正の効果をもたらしますが、より大きな正の効果は上位のレベル（より統合された側、たとえば「変形」や「再定義」）にあることが研究で明らかにされています。

算数・数学の授業を例にすると、単にドリル練習のアプリを使用することは「代替」であり、前の問題の回答に基づいて次の問題が提示されるなら「拡大」となります。地学の授業であれば、対話的なアプリを使用することは「拡大」であり、ナレーション付きのアニメーションプロ

ジェクトを使用するのは「変形」です。SAMRモデルのうち、低い二つのレベルである「代替」と「拡大」の違いは、「拡大」では機能的な改善があるということです。たとえば、鳥を紹介するウェブサイトの場合、「代替」のウェブサイトでは鳥の画像が単に表示されるだけですが、「拡大」のウェブサイトでは、その鳥の説明、画像、データ、音声なども含まれています。

SAMRモデルがブルームの思考の6段階[注13]とよく一致していることは、自明のことかもしれません。この二つは完全に一致しているわけではありませんが、両者は高いレベルになるにつれて、生徒により高次の思考力を求めています。たとえば、最低レベルの「代替」では、ほとんどのアプリやプログラム、テクノロジーは、アイディアの想起や基本的な視覚化に焦点を当てています。最高レベルの「再定義」では、生徒はそのテクノロジーなしではできなかった方法で対話や創造を行います。たとえば、「代替」のテクノロジー(たとえば、Google検索の実行、Word、Quizlet【英単語を学習するアプリ】、CourseNotes【ノートアプリ】の使用)は、記憶と理解のレベルでの学習を促し、スキルと知識を向上させることができます。「拡大」のテクノロジー(たとえば、Google Docs、PowerPoint、QuickVoice【ボイスレコーダーアプリ】、Explain Everything【ホワイトボードアプリ】)は、映画をつくったり、日記を書いたり、図を描いたり、写真を撮ったりすることで、生徒が知っていることを応用できるようにします。「変形」および「再定義」のテクノロジー(例 Nearpod【学習支援アプリ】、WordPress【ブログを作成するソフトウェア】、GarageBand【音楽を演奏、録音、共有できるアプリ】、Edmodo【教育支援プラットフォーム】、iMovie、Google+）は、ストーリーテリング、批評、動画配信、アニメーションなどによって生徒が評価し、創造することへの挑戦が可能になります。

ここにあげたアプリは、SAMRモデルの各レベルを説明するためのものであり、絶対的なものではありません。SAMRの各レベルはテクノロジーの使い方に基づいています。たとえば、

注12 「代替」とは「機能的な拡大はなく、従来ツールの代用となること」、「拡大」とは「従来ツールの代用となることに加え、新たな機能が付加されること」、「変形」とは「実践の再設計を可能にすること」、「再定義」とは「以前はできなかった新しい実践を可能にすること」とされています（三井一希・戸田真志・松葉龍一・鈴木克明「小学校におけるタブレット端末を活用した授業実践のSAMRモデルを用いた分析」『教育システム情報学会誌』37（4）、348〜353ページ、2020年）。ここでは、音楽の授業を例に次のように説明されています。ピアノで練習していた曲を「ピアノアプリ」で練習すれば「代替」です。さらに、採点機能付きのピアノアプリで練習すれば「拡大」、作曲アプリでドラムやギターなど多様な音を合わせ、クラスメイトと協働して作曲すれば「変形」、作曲した曲をインターネット上に公開し、広くコメントを得ることをとおして、改善のヒントを得る実践は「再定義」となります。

注13 アメリカの教育心理学者、ベンジャミン・サミュエル・ブルーム（Benjamin Samuel Bloom）が提唱した教育目標の分類のことです。「認知領域」「情意領域」「精神運動領域」の三つの領域からなり、「認知領域」は①知識、②理解、③応用、④分析、⑤統合、⑥評価という階層的な構造が想定されていました。後に後継者たちが改訂し、「認知領域」の構造の終盤二つを、⑤評価、⑥創造に変更しました。いずれにせよ、この箇所で述べられているのは、単純に知識を尋ねるような質問のことだといえます。

プレゼンテーションソフトは、生徒とノートを共有し、あとで学習した内容を思い出すための低次のレベルの手段として使用することができます。しかし、生徒は対話的なプレゼンテーションツールとして使用することもでき、その場合ははるかに高いレベルのものになります。

あなたの授業者としての目標は、テクノロジーを通じて、生徒が授業に熱中するように促すことです。この目標を達成するためには、「生徒がテクノロジーを使って何を達成しようとしているか」を常に念頭に置いてください。場合によっては、テクノロジーが目新しいだけであったり、学習内容の中身がなかったり、表面的なものであったりすることもあります。このような場合、生徒はたしかに楽しんでいるのかもしれませんが、テクノロジーを使うことが学習の妨げになっています。あなたの目標が「テクノロジーを使って何かをつくることを通して、生徒が深い概念を理解すること」であるならば、可能な限り、テクノロジーを使わずにできる理解よりも、高度な理解ができるようにしてください。

チェックポイント

☑生徒が現在使用しているテクノロジーをすべてリストアップしてください。それらを授業で使う目的は何ですか？

☑生徒がより高度な思考力を身につけるために、テクノロジーを従来のものと置き換えることは可能ですか？

☑ 難しい概念の理解を深めるために、授業に追加できるテクノロジーはありますか？

第3章

指標③:
失敗が受け入れられ、
尊重されていると
生徒が感じる、
よく組織された
学習環境をつくる

Teacher Highly Effective

TIP 3:
Safe, Respectful,
Well-Organized
Learning Environment

私たちはどこの学校の廊下を歩いても、教室の前を通れば生徒や教師のさまざまな行動や対話を観察することができます。ある学級は、活気に満ちている一方で、別の学級には退屈な空気が流れていることもあります。また、ある学級は挑戦する気持ちと好奇心に満ちているのに、別のある学級は決まりきった活動やただ忙しいだけの「学習らしきもの」を行っていたりします。

このような違いが生じる要因は、学習内容やカリキュラムではなく、個々の教師の学級経営、生徒との関係性、生徒との対話の質と量にあるように思われます。よいか悪いかは別として、8年生の国語の授業内容は、おそらくどの教室でも似たようなものになってしまっていて、学校や教育委員会が「こういった授業をする！」と示したものが共有されているのではないでしょうか。しかし、シェイクスピアを学ぶことを(注1)スリリングな体験にしている教師がいる一方、まるで歯医者さんでの治療のような苦痛な体験にしてしまっている教師もいます。

失敗が受け入れられ、尊重されていると感じる、よく組織された環境をいかにつくり出していくのかを考えるために、まず、うまくつくり上げられていない学習環境と効果的に組織された学習環境を対比させてみましょう。

まず、うまくつくり上げられていない教室の特徴をいくつかあげてみます。

（1）授業開始前や最初の10分間のほとんどの時間が、「今日は何をしようとしているのか」「昨日は何を間違

えたか」「宿題はどうしたらよいか」のような、授業の本題に入るのを妨げる質問に費やされている。

(2) 授業時間の大部分が、生徒の集中力を高めること、作業の手順の説明、生徒指導上の問題などに費やされている。

(3) 教師も生徒も授業の活動の切り替えに時間がかかり、授業時間の大部分が、教師が生徒に何を求めているかを説明することに費やされている。

これに対し、学習環境がよく組織されている教室の特徴は次のようなものです。

(1) 生徒が、黒板に事前に掲示された目標や課題に、すぐに夢中になって取り組んでいる。

(2) 生徒が、教師や他の生徒から何を期待されているかを心得ており、学習の手順もわかっているので、混乱することなく時間を最大限に使うことができている。

(3) 生徒が、明確な目的をもって行動し、何をすべきかを心得ており、それにすばやく取り組んでいる。そのため、授業の展開がスムーズでエネルギーに満ちている。

注1　アメリカでも、さらにはシェイクスピアのお膝元のイギリスでも、古くから生徒にシェイクスピアを学ぶ動機づけを行うことが、教師たちにとって大きな課題でした。作品の成立年代は違いますが、日本の生徒にとっての『源氏物語』などの古典教材のような立ち位置のものだとお考えください。

ほとんどの授業は、この2種類の特徴のどちらかに当てはまるのではないかと思いますが、あなたの授業はどちらでしょうか。中学校や高校における典型的な授業開始直後の様子は、教師が課題の返却、生徒の出欠の確認、授業の準備などを行う一方で、生徒はウォームアップや導入としての活動など、さまざまなことに取り組んでいるというものです。この場面を分析すると、教師がプリントの返却など直接的な指導ではない仕事を行っている間に、生徒は「復習問題を終わらせる」という目的をもった活動をしています。そのため、一見すると、「手が空いたときには自習をする」というような授業での「決まりごと」が共有されている様子がうかがえ、学級経営や授業計画はうまく行われているように思えます。しかし、よく考えてみると、すべての生徒が夢中で学習に取り組めるようにするための大きな機会を逃していることに気づきます。

教師が計画した授業の「成功」（または失敗）は、学級経営のあり方の影響を大きく受けています。うまくいっている学級経営とは、物をぴたっと置くことができる「水平な机」のようなものです。表面も平らで、傾きもない机は、上に置かれたすべてのもの（指導、評価、生徒とのやり取り）を安定した状態に保つことができます。逆に机が傾いていると、すべてのものが落下してしまい、何も残りません。効果的な学級経営は、授業をうまく展開するために不可欠な要素なのです。効果的な学級経営は、授業に関わるすべてのもの（指導、評価、生徒とのやり取り）の基盤になってくれます。

ただ、多くの教師は学級経営を、「生徒の行動や規則を管理するもの」と捉えています。この捉え方を「学習」の場にもち込んでしまうと、学習の多くの部分は「従順と服従」で構成されていることになってしまいます。「従順と服従」による「学習（のようなもの）」は、教室でできることを自動的に制限してしまうのです。

そこで私は、「授業の流れ」と「教師と生徒の対話」の観点から、学級経営について考えることをおすすめします。21世紀の教室は従順と服従ではなく、インスピレーション、挑戦、創造性、問い、対話で満たされていなければなりません。(注2)

授業における教師の役割は、生徒が学習に取り組める時間を最大限に増やし、学習の習慣をつくり、活動の切り替えにかかる時間を最小限に抑えられるよう、流動性をもった指導を進めることです。また、生徒の失敗が受け入れられるような環境をつくり、生徒同士または生徒と教師がお互いを尊重し、協働的な対話を促すことも重要です。

指標③では、主として次に示す二つの問いに焦点を当てています。

注2　このテーマで書かれている書籍が『あなたの授業が子どもと世界を変える』『教育のプロがすすめるイノベーション』『質問・発問をハックする』『私にも言いたいことがあります！』です。また、学級経営という観点では、『We Belong』を参照してください。

（1）授業における学習の流れをどのように改善するか（授業の流れ）
（2）よりよい学級経営を通して、生徒と教師のやり取りをどのように改善するか（授業でのやり取り）

授業の流れ

私たちは皆、「自分の時間が他者から大切にされている」と感じたいと思っています。交通渋滞でのドライバーのイライラした顔や電話をかけている最中に保留にされたときのイライラした顔、飛行機が遅れたり欠航になったりしたときの乗客の怒った顔などを思い浮かべてみると、そのように考えていることがよくわかります。

それは、学校であっても例外ではありません。教師たちは、昼休みは興奮していた生徒が、なぜ授業がはじまった途端、やる気をなくしてしまうのかを不思議に思っています。その理由はさまざまですが、ここでは「授業の流れ」に着目してみましょう。

授業に関する議論の中心となる問題の一つに、授業時間の使い方や構成があります。学習のペース、手順、「これをしたあとにはこれをする」というような決まりごとのすべてが、授業展開をスムーズにするための枠組みとなってくれます。

チェックポイント

☑より円滑に運営され、組織され、魅力的な学習環境をつくるためには、何を変える必要がありますか？

ある授業は、特定のスタンダードや学習目標との結びつきが不明瞭な活動や議論に多くの時間を割いてしまっています。本書で考えたいことは、目的どおりのことを教室で起こすために、教師がより「意図的」になるということです。私はよく、すばらしい授業をすることを優れた小論文を書くことにたとえます。

普通、小論文はさまざまな目的（創造性、説得力、説明）に合わせて書くものです。目的がどのような場合であっても、優れた文章は序論で興味を引く文言を引用したり、説得力のある「問い」を提示したりすることで、読み手の注意や関心を喚起します。そして、次のパートである本論では事例やデータ、図表を用いてその主張を裏づけることで、さらに読み手の注意や関心を喚起します。さらに最後のパートである結論では、その小論文における重要な考えを整理し、まとめます。ここに示したのは、小論文の構成や書き方の概略です。ポイントは、一般的に三つのパート（序論、本論、結論）があり、それらが論理的につながりをもって機能しているということです。

これら小論文の一般的な構成要素（序論、本論、結論）を取り上げて、それらをどう授業に当てはめることができるのかを検討していきましょう。ほとんどの授業は、ウォームアップや導入としての活動からはじまります。ただこの導入は、授業に結びつく場合と結びつかない場合があります。授業との結びつきがない導入は、前述した小論文の例でいえば、結論から書きはじめたせいで、それまでの部分と論理がまったく一貫していないことと似ています。

後述（124ページ）のアクション「『とりあえず』ではなく、『ポジティブな習慣づくりに寄与する手順となることを意図して』導入をする」をはじめ、この章は主として、授業の「導入」段階で行うさまざまなアプローチについて検討したものになっています。授業の「展開」については、他の章に詳しく書いているため、ここでは踏み入りませんが、授業の「まとめ」部分については、少し触れたいと思います。

私は、これまで何百もの授業を見てきました。その大半は、その授業のまとめをする時間や自分が学習したことを教師やクラスメイトと共有する時間が、明確に取られていないものでした。生徒に個別の課題を与えたり、「自由時間」を与えたりして授業を終わらせてしまうと、生徒が手に入れたいくつかの知識の「かけら」を「かたまり」に統合する絶好の機会を逃してしまいます。生徒は授業を通して、自分が学習したことを「価値づける」必要があるのです。また、「導

指標③：失敗が受け入れられ、尊重されていると生徒が感じる、よく組織された学習環境をつくる

評価	1 改善する必要がある	3 うまくやれている	5 模範的である
授業の流れ（③a）	指導の時間と授業内容と直接関わりのない活動にかかる時間や、学習の手順を円滑かつ効果的に組織できる。		
	教師が適切にペース配分をしたり、活動の切り替えをしたりすると、生徒が授業に集中することが難しくなり、授業時間を多く浪費してしまっている。	ペース配分や活動の切り替えは効率的かつ円滑で、無駄になる時間はほとんどない。	「3　うまくやれている」の内容に加えて、生徒は授業中に合図があるとすぐに反応し、活動に取り組んでいる。
	学習の手順の指示がバラバラで、整理されていない。中断や授業内容とは直接関係のない活動に時間を大幅に取られてしまっている。	学習の手順の指示が明確で、目的があり、生徒を夢中にするものである。授業内容と直接関わらないことによる中断は短く、生徒はすぐに再度集中できている。	生徒自身が学習の手順を決めて取り組んでいる。何らかの理由で中断があっても、その後生徒は教師の指示をほとんど受けることなく、すぐに元の学習の手順に戻っている。
	生徒は、基本的な学習の手順を身につけていないか、混乱を起こしている。	生徒は、基本的な学習の手順を理解しており、スムーズに進めている。そのため、手順の問題が学習の妨げになることは、ほとんどない。	「3　うまくやれている」の内容に加えて、生徒は学習の手順を踏む際に出される合図に慣れており、すぐに反応している。授業は「生徒が進めている」ように見える。
教室の相互作用（③b）	生徒の活動を効果的に組織し、失敗が受け入れられ、尊重されていると感じる、協力的な雰囲気が醸成されている。		
	生徒が活動を組織するという考え方が共有されていないか、または十分に実施されていない。生徒の活動が教室の安心感や授業の進行を著しく損なっている。	生徒が活動を組織するという考え方がはっきりと位置づけられていて、なおかつポジティブなもので、必要に応じて適切にできている。	「3　うまくやれている」の内容に加えて、生徒は期待される活動を組織することをすばやくこなし、一貫して自身と他者に注意を向けている。
	教師がネガティブな感情を示し、忍耐力に欠けている。	教師にはしっかりとした存在感があり、ポジティブな影響力や忍耐力を示している。	「3　うまくやれている」の内容に加えて、すべての生徒は学習に肯定的で、失敗が受け入れられ、尊重し合う関係のなかで取り組んでいる。
	教師は親しみがたく、ほとんど何の支援もせず、頻繁に生徒を見下し、皮肉を言い、明らかに無礼である。	教師は、生徒とのやり取りのなかで親しみやすさを感じさせ、支援を適切に与えており、生徒を尊重している。	教師はすべての生徒をポジティブに支援しており、生徒はクラスメイトと尊重し合い、協働している。

出典：[参考文献 28]

入」「展開」「まとめ」という授業の過程のそれぞれを、その授業における学習内容の中心的な概念やアイディアと深く関わるものにできれば、生徒一人ひとりの学びをよりよくする機会は劇的に増えます。

後述する「アクション」でさらに多くの提案をしますが、提案の一つは、授業の最後の5分間を利用して、自分が学習したことを価値づけたり、復習したり、その日の授業の目標に照らして振り返ったり、考えを広げたり、翌日の授業で出題される質問を考えたりすることです。

チェックポイント

- ☑ 授業の開始と終了はどのようにしていますか？
- ☑ なぜそうしていますか？　それは生徒を組織し、夢中で取り組めるようにするための最もよい手段といえますか？

「授業の流れ」という要素には、「導入」「展開」「まとめ」が関連し合い、スムーズなものになっている授業という側面に加えて、「活動やその手順の習慣づけ」という側面があります。このような習慣づけ（ないし規範）を指導に取り入れることは、複数の理由から効果的なものといえます。すべての生徒、とくに特別なニーズをもつ生徒の多くは、自分が次にどう動けばよいのかについてガイドとなるものがあれば、よりよいパフォーマンスができるのです。この「習慣」には、生徒がどのように教室に入って授業での学びをはじめるか、家でやってきた宿題をどのように提出するかなど、あらゆることが含まれます。これらは個人の行動に関する「決まりごと」ですが、それに加えて、発表や議論の際に他の人に、自分の意見や考えを効果的に伝える方法など、他の人に対する行動も含まれます。理科のように、生徒の安全性が懸念される教材を扱う授業では、授業の流れを最良のものにし、生徒の安全を確保するために、「決まりごと」となる習慣づけがとくに重要になります。

年度はじめには、注意すべきことを何度も確認するとともに、それが習慣となるように、多くの時間を割く必要があります。一度習慣化してしまえば、それ以降は注意を促すだけで十分です。習慣づけをしようとする意図が一貫していない場合、望ましい習慣が形成されることはほとんどありません。

最後に、習慣づけが指導の過程に合ったものとして活用されているかどうかを確認してください。たとえば、授業の最初に宿題の復習をする場合、生徒が席についたときに宿題をファイルに入れたままにしておくような指導は、当然よくありません。授業開始のチャイムが鳴る前に、生徒が宿題を机の上に出し、赤ペン（宿題に使ったペンとは別のペン）を用意しておくように指示してください。2〜3分ほど、宿題について周りと話し合う時間を設けて、生徒が最もつまずいたところを確認した後、答えを示したり、最も解けなかった問題をみんなで一緒に考えるために時間を割いたりします。生徒が理解できていた問題に時間をかける必要はありません。そんなことをしたら、みんなの時間を無駄にするだけです。

チェックポイント

- ☑あなたが教室で一番よく使っている「習慣」は何ですか?
- ☑それは安全で効果的で生徒を混乱させないものですか?

教室でのやり取り

「学級経営」というと、教師はしばしば、「生徒の活動を『管理』すること」を思い浮かべます。しかし、学級がうまく経営されていれば、「活動の管理」は教室でのやり取りのなかでは些細な要素になります。学級のなかにはさまざまな理由から、いろいろなことに大きな困難を抱えている生徒がいます。そのような生徒も、すべての授業で問題を抱えているわけではなく、一部の授業でのみ困難を抱えていることが多いことに目を向けることが重要です。なぜ、一部の授業ではよい振る舞いをして、学習に熱心に取り組めるのにもかかわらず、別の授業では集中できないのでしょうか。このような状況は、それぞれの授業で確立された学級経営のあり方や、教師と生徒の関係性に大きく起因しています。目標は、成長につながる行動を組織することです。

チェックポイント

- ☑あなたの授業は生徒にどのような活動を期待していますか？
- ☑生徒は一貫してその期待に応えていますか？
- ☑生徒がその活動をできるようにするにはどうしたらよいですか？

授業において、教師が生徒と一緒に最大限に成長するためには、活動をうまく組織することが不可欠です。一方で、学級経営におけるその他の重要な要素として、教師の「存在感」と人間関係のなかで示される「敬意」があります。教師が生徒の注目を集めることができなければ、生徒を尊重することや活動を組織しようという努力は、意味のないものになってしまいます。

多くの点で、教師はセールスマンに似ていると私は考えています。しかし、教師の「セールスマンらしさ」は一般的に、車のセールスマンやショッピングモールの店員の「セールスマンらしさ」とは異なります。具体的にいうと、私たち教師の存在感は、いかに効果的に商品（知識、スキル、学習内容）とサービス（敬意、協働、やり取り）を生徒に提供することができるかにかかっています。多くの教師は「商品（＝学習活動、学習内容）」の重要性を伝えることができます。しかし、生徒が夢中になって内容に深く関わり、（生徒自身というわけではなく、生徒の示した）考えに対して、敬意をもって問いかけられるかどうかが、教師の指導の最大の課題なのです。生徒に「商品（＝学習活動、学習内容）」を売り込むには、たしかな存在感とポジティブな感情、そして途方もない忍耐力が必要になります。

私たち教師が簡単に怒ったり、生徒に無愛想な態度を取ったり、日常的に否定的な態度を取ったりしていると、最終的に生徒を二つのグループに分けてしまいます。「急速に成長し、失敗しても立ち直る人」と、「苦労する人もしくは自信がない人」の２グループです。このようなグループ分けは、「成功する」生徒と「失敗する」生徒に二分する固定マインドセットを教師がもってしまっていることに由来しています。大事なのは、私たちが生徒全員に対して、よいことと悪いことを明確に指摘しないまま、温かく見守り続けることではないということです。教師は、生徒がうぬぼれたり、卑下したりすることなく、自信をもてるように支える必要があるのです。ある生徒の問題が起きたときなども、たいてい私は敏感です。たとえば、私はそのクラスが、優秀な教師が受けもっているのか、ＡＰクラス[注3]なのか、平均的または低レベルのクラスなのかを、教師の身振り手振りを見たり、チャイムが鳴って最初に発せられたいくつかの言葉を聞いたりするだけで、すぐに判断することができます。

最後に、適切に経営されているクラスは、生徒と教師がお互いに敬意を払っており、生徒同士もお互いに敬意を払っています。生徒と教師がお互いに敬意を払わなければ、教室で有意義な話し合いをすることはほぼ不可能です。しかし、重要なのは、すべての生徒（または大人）が最初から他者に敬意を示すわけではないということです。

多くの生徒にとって、敬意は前もって与えられるものというより、むしろ獲得しなければならないものです。また、敬意は教師側が主観的に捉えるべきものでもありません。これは、文化的な違いや学校外で学んだ振る舞い、あるいは自己防衛のメカニズムの結果かもしれません。ある生徒が最初から教師や他の生徒に敬意を示さない場合は、過剰に反応しないことが重要です。その代わりに、生徒に一貫して期待し、敬意を払うことが教室でのルールとなるようにしましょう。

注3　アメリカでは、アドバンス・プレイスメント（Advanced Placement）プログラムという、高校生に大学レベルのカリキュラムを提供するプログラムがあります。そのカリキュラムを受けているクラスがAPクラスです。

チェックポイント

☑教室でのあなたの存在感を、生徒はどのように表現しますか？

☑自分の存在感を高めるにはどうしたらよいですか？

あとで示す指標⑤では、教室での効果的なやり取りを促進する方法について述べています。ここでは、お互いに敬意を払う環境とそうでない環境を比較してみましょう。

お互いに敬意を払う学級では、教師は親しみやすく協力的であり、生徒の自信と自尊心を高めようとします。お互いに敬意を払っていない環境では、教師は生徒に過度にへりくだったり、生徒の嫌味を言ったり、学習に困難を抱える生徒を察知しても適切な支援をしなかったりしている姿を生徒に見せてしまっています。私たちはときに、生徒に対して毅然とした態度を取ることがありますが、それは決して意地悪ではありません。個人的な攻撃（たとえ些細なものであっても）や皮肉めいたコメントは、結局生徒をおとしめるだけのものになってしまいます。そのため、生徒の挑戦心をかき立てるような学級を形成する手段にはなりえません。

チェックポイント

☑ あなたは、どのように「親しみやすく、生徒を尊重し、支援する姿勢を示す振る舞い」を生徒に示していますか？

☑ あなたの学級環境を改善するために、何を変える必要がありますか？

指標③の習得に向けたアクション

あなたの現状について振り返り、それを踏まえて次のステップに進むために、指標③の中心的な概念に対応した次のアクションを実践してみてください。

アクション――指導の流れを最良のものにする

教師にとって時間は貴重なものです。ほとんどの中学校や高校の教師は、多くて180時間（授業日数が180日間ですので、担当教科が1日1時間として）だけしか生徒と過ごせません。にもかかわらず、その間に生徒が優秀になるように支援することが求められています。一般的に小学校の教師は、中学校や高校の教師と比べると、生徒と接する時間は長いです。しかし、生徒が複数の教科で能力を伸ばすように支援しなければなりません。いずれの場合も、時間を効果的に使うことが非常に重要な問題になります。

教師は、「もっと時間があれば生徒ともっとうまくやっていける」と感じることが多いのです。私はこの考えを反転させて、「もし時間が少ないのなら、どうすればもっとよいことができますか？」と尋ねるのが好きです。「もし時間が足りなかったらどうするか」と自分に問いかけることで、本当に大切なことに集中できるようになります。

過去十数年にわたって、授業をしたり、授業観察をしたり、ティームティーチングで指導に入ったりという形で、何百もの教室に関わってきた私は、平均的な教師が授業とは直接関係のないことに、授業時間の約20%を費やしていることを発見しました。さらに、教師から何の支援も受けずに生徒が自分の課題を遂行することも、時間を有効に使っているとは言いがたいでしょう。そうした時間を含めると、その割合はさらに高くなります。

重要なのは、私たちが自分の時間をうまくマネジメントすることです。自分だけの時間なら、1時間を無駄にしたとしても受け入れられるかもしれません。しかし、1時間の授業時間を無駄にすることは、約30時間（学級の生徒1人につき1時間×30人）を無駄にすることに相当します。

自分の時間をより意図的に考えるための一つの方法は、数日間にわたって、それぞれの授業において、教師による指導や生徒の学習活動などの時間がどのくらい配分されているのかを調べることです。そして、特定のカテゴリー（ウォームアップをする、ノートを取る、資料を配付する）を、より広いカテゴリーに分類します。たとえば、「学習の指導をしている時間」と「学習の指導とは直接関係のない時間」、「協働的な活動や関係を構築するための時間」と「個人での時間」、あるいは、「生徒が夢中で取り組んだ時間」と「生徒が知識を受動的に受け取るだけで過ごした時間」などです。

チェックポイント

☑ あなたの最も「効果的でない時間」の使い方は何ですか？（「効果的でない時間」とは、目標に対応していない無駄な時間のことです）

☑ より多くの生徒をより多くの時間、学習に夢中で取り組めるようにするためには、授業の流れをどのように調整すればよいですか？

アクション——効果的に学ぶために手順を効率化する

生徒を夢中で授業に取り組ませるためには、一つの授業時間内に複数の活動の切り替えが必要になるときがあります。(注4) 50分間の授業で、活動の切り替えが4回ある場合、生徒は円滑にすばやく切り替えて、集中力を高める必要があります。一つの授業につき、15秒かかる切り替えを4回行うと毎日、授業の1分間に相当しますが、90秒かかる切り替えを一つの授業につき4回行うと

注4　「活動の切り替え」を理科の授業を例にすると、たとえば、「実験を計画する場面」から「実際に実験する場面」に切り替わるとき、生徒は実験に必要な器具を机の上に持ってくる必要があります。さらに、実験を終えて「結果について考察する場面」に切り替わるとき、生徒は実験で使用した器具を片付けてから、結果について考察する必要があります（スペースが広めの教室だと脇に置いておくことも可能ですが）。こうした切り替えをすばやくするために、手順を効率化する必要があるということです。

毎日6分になります。これを1週間で換算すると、それぞれ5分と30分になるのです。活動の切り替えにしても、一般的に使われている指導の手順にしても、効率は非常に重要です。

手順などを習慣にすることは、「効率」を重視する営みといえます。しかし、学習については「効果」を重視します。生徒の出欠を確認するとき、資料を配るとき、生徒の課題を集めるとき、またはその他の指導と直接関係ない「習慣」を行うときは、効率性を高めることを重視しなければなりません。学習のときとはまったく異なるものです。学習では、「効果」を犠牲にして「効率」を追求しないことが重要です。最終的な目標は、生徒の能力を最大限に高められるようにすることです。それゆえに、プリント返却など学習に直接関わらないことについては、時間とエネルギーを最小限に抑え、効率化を促進することに焦点を当てる必要があります。

一方で、協働したり、ペアで推敲・編集したり、実験を計画したりすることなど、生徒の学習に関することは、主に「効果」を重視しなければなりません。学習に直接関わらないことを効率化することで得られた時間は、学習活動や人間関係をつくるための時間に充てることができるのです。さらに、効率化することは、問題行動の抑止にも効果的です。私は数年間一緒に仕事をしてきたある教師から、「25年間の教師生活のなかで、最も手こずる学級があるのですが、そこで授業をしてくれませんか?」と頼まれたことがあります。もちろん、その学級が抱えるすべての問題が一度の授業で解決したわけではありません。ただ、私が授業をした後、その教師からもらったコメントは、「すごい。あなたは本当に生徒に休む暇を与えなかったですね！」というものでした。生徒には活動時間を与えたものの、無駄な時間を与えなかったのです。

一部の人たちの持論に、「明日まで先延ばしにできることを、なぜ今日やる必要があるのか」というものがあります。プレッシャーのもとで成功する人にとって、この行動パターンは、いくつかの成功につながるかもしれません。しかし、授業に関する習慣づけを先延ばしにすることは、よい習慣が形成されないことにつながります。また、目先の時間を節約しようとした結果、その年の後半などの遅いタイミングで習慣づけに取りかかろうとしても、もはやよい習慣が形成されることはないでしょう。学習時間や人間関係を深める時間を費やすことが重要であると考えるならば、あとで他の重要なことに時間を最大限使えるように、早い時期に学習の手順を確立してください。年のはじめに投資した時間は、１年を通して回収することができるのです。

チェックポイント

- 自分の授業の切り替えを改善するにはどうしたらよいですか？
- 他にどのような手順を踏むことで、自分の授業をより効率的にすることができますか？
- 自分の授業のなかで重要な習慣とはなんですか？
- それらの習慣を、生徒全員の習慣にするには、どうしたらよいですか？

アクション――「とりあえず」ではなく、「ポジティブな習慣づくりに寄与する手順を意図して」導入をする

授業の最初の3分から10分くらいをかける導入の活動として、生徒が昨日の問題を復習したり、年度末に出題されるスタンダードに対応したテストに似た問題に熱心に取り組んだりすることはあるでしょうか。重要なのは、生徒が復習したり、反省したり、書いたりする必要があるかどうかではなく、それをいつ、どのように行うべきか、ということです。

別のアプローチを提案します。それはすべての生徒にとって本質的で、重要なものに夢中で取り組めるようにすることからはじめるということです。質問は挑発的なものや好奇心を刺激するものでもよいですし、生徒から質問してもらってもかまいません。大事なのは、最初から生徒が考え、探究し、話せるようにすることです。

あなたが最後に映画を観に行ったときのことを思い出してみてください。映画館のオーナーは、長編映画のなかで最も退屈な部分から見せはじめることはないでしょう。見どころ、つまり最も刺激的な、あるいは魅力的な予告を見せて、またすぐに映画館に来たいと思わせているのです。あなたの学級でも同じようなことをしてみてはどうでしょうか。何日か先、何週間か先の見どころのハイライトを提供するのです。多くの生徒がなかなか学習モードに戻れない週明けの月曜日にやるのに、よいアイディアかもしれません。

他の例としては、生徒が興奮したり、興味のある時事問題を見つけたり、今後の授業内容を自分なりの方法で関連づけたり、少しのユーモアを添えたりすることなどが考えられます。ユーモアは気分を明るくし、その日の活動が非常に困難なものであっても、生徒に挑戦を促すことができます。しかし、ユーモアには多くの種類があることに注意してください。皮肉は、生徒を笑いの対象にするので使わないでください。一方、生徒が内容について考えさせられるようなダジャレ、なぞなぞ、ジョークには楽しさを伝染させる可能性があり、多くの生徒が自身のユーモアを披露しはじめるでしょう。

授業をどのようにはじめるかも重要ですが、授業をどのように終わらせるかも重要です。ほとんどの授業は、「これが課題です」「明日の小テストの準備をしてください」「演習のレポートを終わらせてください」などの言葉で終わります。そうではなく、授業の感想を交流したり、まとめたりする時間を取ってみるのです。生徒が混乱している部分を明確にしたり、その日や前日に学んだ概念を復習したり練習したりするうえで、最後の数分間は有効に使うことができます。(注5) このような時間を過ごすことで、学習がどのようにその教科や他の教科と結びついているかを示す

注5　この点については、『質問・発問をハックする』(とくに第3章「学習に区切りをつける」)を参照してください。

機会も増やせます。

チェックポイント

- ☑あなたの学級であなたが最もイライラすることは何ですか？
- ☑習慣化することでイライラをなくしたり、減らしたりすることができるような余地はありますか？
- ☑そのための方法を生徒に習慣化してもらうためには、何をすればよいですか？
- ☑より効果的に授業をはじめたり、終わらせたりするための方法はどのようなものですか？

アクション――積極的に行動する

教師が学級経営に積極的に取り組むことは、授業を円滑に進めるうえで不可欠な要素です。あなたが教師になって間もないうちは、学級経営にはとくに苦労するかもしれません。学級経営の重要な要素である「生徒の活動を組織する」ということは、あなたがしっかりと存在感を示し、適切な罰を伴う公正なルールをつくり、それらのルールに一貫性があり、すべての生徒にあなたが敬意を示すときに初めて成功します。

学級経営については多くの本が出されています［参考文献54、17、12、31］。しかし、あなたが選んだアドバイスやガイドラインがどんなものでも、生徒の立場になって考える必要があります。採用する手法にかかわらず、おそらく最大の課題はそれらに一貫性をもたせることだと気づくでしょう。

教室がより生徒中心になるにつれて、教師であるあなたは、学級をよりうまく経営していく必要があります。よりうまい学級経営をするには、生徒にしてほしい行動（例　適切に効率よく活動を切り替えるなど）をあなた自身が行って、あなたが模範となる必要があります。これは、一部の人にとっては教室内のある程度の「ノイズ」を受け入れて学ぶことを意味します。生徒の学習を促進することができる教師は、いつノイズが予想されるのか、どの程度のノイズなら許容するのか、「生産的なノイズ【生産的な思考を生み出すための話し合いによってつくり出される音】」とはどのようなものなのか、そしてノイズに気を取られやすい生徒をどのように支援すればよいのかをすぐに学ぶことができるのです。

チェックポイント

☑授業内でルールを実行するうえで一貫性のあるところ、あるいは一貫性のないところはどこですか？　一貫性がないところではそもそもルールが必要なのか、何かを変更する必要があるのかを判断してください。

☑後々問題が生じるのを避けるために、年度はじめに学級経営に関してより積極的になるにはどうしたらよいですか？

アクション——教師としてのあなたの存在感を示す

毎学期、私は自分が指導している教師たちに、「『私の生徒』というあなた方の立場から見て、私という教師にはどんな評判が立っていますか？」と尋ねています。一瞬、彼らは困惑した視線を向けて考えますが、その後すぐ、生徒である自分が先生の肯定的で望ましい評判を形成するうえで重要な役割を果たしていることに気づきます。

私たちは、他人が自分をどのように認識しているかをあまり知りません。そのため、自分の影響力と他人からの尊敬のレベルを客観的に評価できる場を見つけることが重要です。自分がつくり出そうとしている授業の雰囲気を評価するのに役に立つ方法を、いくつか紹介します。

(1) 自分が授業をしている様子をビデオで撮影し、重要な点を探しながら見直す。
(2) 自分が授業をしている様子を観察することができ、正直に話してくれる同僚や友人に授業に対する意見を求める。

(3) 匿名であることを約束したうえで、生徒に簡単なアンケート調査を行う。

チェックポイント

- ☑ 同僚や生徒の間でのあなたの評判はどうですか?
- ☑ それはあなたが望んでいるものですか?
- ☑ もしそうでない場合、生徒がもっているあなたに対する認識を、あなたが望むものに変えていくためにどのようなステップを踏みますか?

第4章

指標④：やりがいのある、深い学びをもたらす学習経験をつくる

Highly Effective Teacher

TIP 4:
Challenging,
Rigorous Learning
Experiences

「今の教室は、生徒たちの『無気力・無関心』であふれている」と多くの人たちが非難しています。ほとんどの教師は、学習に対する無気力・無関心という「脅威」に立ち向かいつつも、その状態を解決するための力に限界を感じています。生徒たちの無気力はさまざまな形であらわれます。たとえば、生徒が授業中に教室から脱走したり、ボーっとしているように見えたり、キレているように見えたりすることがあるでしょう。教室で想定できるどんな場面であったとしても、そのような生徒はいわゆる「落ちこぼれ」といわれている生徒たちです。

チクセントミハイ(注1)は、生徒が無気力・無関心を表に出すときには、おそらく私たち教師の生徒に対する期待(スキル面とチャレンジの度合いの面の両方)が低すぎる状態になっていると論じています[参考文献11]。よくある傾向として、生徒が教師から提示された問題や課題の答えがわからなかったり、基礎・基本がわかっていなかったりしている状態のとき、生徒が正解できる程度にまで、問題や課題の難易度を徐々に下げていくようなことがあります。しかし、このやり方は教科書のなかから答えを見つけてワークシートの穴埋めをするだけという、ばからしいゲームのような形に終始することがほとんどです。私は「このようなやり方は、本来あるべき姿とは真逆だ」と提案したいのです。生徒が課題、題材、授業に夢中で取り組むことができるならば、彼らはその課題の追究を成功させるために、並々ならぬ努力をします。生徒たちが、教師であるあなたを失望させないために、そうした努力をすることもあります。さらに重要なことは、生徒たちは自信がつきはじめると、自分に失望したくないと考え、学習面でのパフォーマンスも向上していきます。

新しいスタンダードは、全員の期待を高めるよい機会をもたらしてくれます。すでに言及したように、教師がある事実や名前、年号を示して説明するだけでは、生徒にとって十分な学習とはいえません。新しいスタンダードに基づいた授業を展開するために、教師は生徒が自分の考えを実証しようとし、そのための証拠を集め、複雑な概念をモデル化し、実験をデザインすることが求められるような学習を促進させていかなければならないのです。「生徒にとってやりがいのある、深い学びをもたらす学習経験を提供するにはどうすればよいか」という私たちの課題への答えは、「ただ彼らに求める期待を高めればよい」という単純なものではないことは明らかです。もし、そのように単純なことであれば、すべての生徒の学力が急上昇するでしょう。

私たちは、ちょっとした「困難な状況」に直面しています。私たちは、「得意なことであれば簡単にできる」という考えが当たり前の世界に生きています。しかしその一方で、「最高の満足感は、できる限りよい結果を得るために、肉体的、あるいは知的な自分の限界に挑戦したときに

注1　Mihaly Csikszentmihalyi、1934年〜。アメリカの心理学者です。「フロー体験」を提唱したことで知られています。

得られる」ということも知っています。生徒が進んで自分のベストを出して取り組む前には、自分が冒そうとしているリスク（努力することや精力を傾けること）に見合うような価値があるのか、またそれはどのようなものなのかを理解していなければなりません。この章では、すべての生徒が「やりがいを感じられる指導」とはどのようなものかを議論しながら、教師が生徒に高い期待をもつことや「挑戦する文化」をつくることに関連する複雑な問題を解き明かしていきます。

指標④では、主として次に示す二つの問いに焦点を当てています。

(1) どのようにすれば、生徒に対して期待を高くもち、生徒が挑戦しなければならない場面で粘り強く課題に立ち向かおうとする文化をつくることができるのか（挑戦する文化）

(2) どのようにすれば、生徒が適切なやりがいを感じられる学習体験を提供できるのか（やりがいを感じられる指導）

「挑戦する文化」

教師が、明確で高い期待を追求するという行為自体が、生徒の無気力・無関心を根絶して、即座に魅力的な「挑戦する文化」を生み出すわけではありません。しかし、「挑戦する文化」を生み出せるようにするための最初の、そして重要なステップの一つであることはたしかです。両極端に位置づけられる二つのタイプの教室を思い浮かべてください。あるタイプの教室では、生徒はたとえば「3年生」「7年生の数学」「アメリカ史」「物理」と呼ばれているような枠組みのなかで、授業日数である180日間の経験をただ積み重ねているだけです。そしてその内実は、教師は指示したり、知識を詰め込んだりして、生徒は教師に言われたとおりにしたり、ただ聞いていたりするだけです。空欄を埋めたり、小テストの問題を解いたりもしますが、ワークシートを埋めたり、よい成績をつけてもらったりする以外には、何の目的も期待もありません。これと正反対のタイプの教室は、生徒たちが自分自身を追い込み、挑戦し合い、教師から最高の期待を投げかけられる教室です。

多くの教師は、前者のタイプの教室で行われているように、形だけやっている「ふり」をしているのだということを認めようとしません。しかし、私がアメリカ各地で何百もの教室を観察してきた結果、後者のタイプの教室で行われているような、「教師と生徒が一丸となって、毎日高い期待を追求する文化をつくることができている」と心の底から言える教師は、比較的少ないこともわかりました。あなたやあなたの同僚が考えるべき問いは、「どうすればすべての生徒と教師を、挑戦することに対する期待がゼロ、または極めて低い状態から期待の高い状態に移行していけるのか」ということとなります。(注2)

優れた指導とは、生徒がそれまでの自分の能力では達成できないようなことが、できはじめたときにはっきりとしてくるものです。具体的には、「生徒がそれまで不可能だと思っていたことを達成するための動機づけ、ガイド、励ましなどを提供すること」なのです。

チェックポイント

- あなたの教室で、「期待を追求する」とはどのようなことですか?
- また、あなたが生徒に対して十分に高い期待をしたということは、どのようにすればわかりますか?
- 他の人は、あなたの期待が十分に高いとみなしてくれますか?
- その証拠はありますか?

何かを習得したり、何かに勝利したり、切望するような満足感を得たりするまで、何度も何度も同じことをやり続けようとする、とどまることのない欲望というものを、私たちは誰もが目の当たりにしたことがあるでしょうし、自分自身で経験したことがあるでしょう。たとえば、子ど

指標④：やりがいのある、深い学びをもたらす学習経験をつくる

評価	1 改善する必要がある	3 うまくやれている	5 模範的である
挑戦する文化 （④ a）	忍耐力と期待値の高い環境づくりを促進する。		
	低い期待であったり、生徒に明確に伝えられていなかったりしている。	教師は適切で高い期待を求め、生徒に伝えている。	教師と生徒が一丸となって高い期待を追求している。
	粘り強さ、忍耐力、自己モニタリング【33ページの表中の注を参照】について、教師がモデルになっているわけでもなく、生徒もそれを示していない。	粘り強さ、忍耐力、自己モニタリングは、教師によってモデル化され、ほとんどの生徒がそれを示している。	粘り強さ、忍耐力、自己モニタリングは、そのレベルを問わないものの、すべての生徒が発揮している。
やりがいを感じられる指導 （④ b）	やりがいのある、個に応じた学習体験を提供する。		
	授業は表面的な浅いもので、やりがいや学習内容の深さを欠いている。	授業は、適切なやりがいを提供している。	授業は、すべての生徒が適切に挑戦できるような、やりがいのある重要な機会を提供している。
	指導は一様で、ほとんどの生徒が学習に取り組むための支援が不十分である。	指導は「一人ひとりの生徒をいかす」ものになっており、さまざまなレディネスにいる生徒に対応するための支援を適切に提供している。	学習は、すべての学習者がやりがいを感じられるように「一人ひとりの生徒をいかす」ものになっており、学習が最も効果的になるように適切な支援がなされている。

出典：[参考文献 28]

もが新しいデジタル機器やゲームをしているとき、親に「そろそろやめなさい」と言われても拒む姿や、バスケットボールコートやサッカー場で特定のプレーを習得したいとがんばる思春期の子どもたちの姿を私は見てきました。また、課題や問題に夢中で向き合い、解決するまでやめようとしない生徒の姿も見てきました。忍耐強さとは、生徒や教師の中に生まれる、燃え上がるような飢えや興奮のことです。生徒が、その年に取り組むすべての概念や達成すべきスタンダードの必要性を理解して教室に来ることは、まずありえません。しかし、生徒の学習を優れたものにしたいなら、あなたの努力を支えるために活用できる、五〜八つくらいのあなた自身の「決めごと」を見つけることが大切です。

生徒たちは、解決する必要があるどんな問題に対しても、自分がある程度の時間じっと待ってさえいれば、教師や他の生徒が答えを教えてくれるものだと学んでいます。生徒たちが「どうせ他の人が答えてくれる」ということを学び、挑戦しがいのある問題を自分で解決するのをあきらめることに慣れてしまったとき、私たちは忍耐強さや挑戦することで得られる達成感とは真逆のことを生徒に教えていることになるのです。

あなたのクラスで、生徒の粘り強さと忍耐力を向上させるための最良の方法の一つは、まずあなた自身が、粘り強さと忍耐力を向上させることです。あなたの情熱が読書や芸術に向けられているのであれば、もしかすると数学や科学の分野に対する粘り強さは欠けているかもしれません。粘り強い分野と、イライラして取り組むのをやめてしまうような分野が自分にあるか、自問自答してみてください。生徒が取り組むのをやめてしまうような分野は、おそらくあなたがほとんど興味をもっていなかったり、自分の能力に自信をもっていなかったりする分野でしょう。もしあなたが教室で、忍耐強さにおける生徒のモデルになることができなければ、生徒は自然と自信をもっている分野、知識がある分野、才能があると感じている分野だけにしか、粘り強さや忍耐力を発揮できないようになる傾向があります。

この章の後半では、教師による支援と生徒の学習に対するレディネスについて詳しく説明します。ただ、生徒がより粘り強い学習者になるための方法の一つに、「あなたと生徒が学期中、お互いに責任をもって目標を設定する」という方法があると指摘しておきます。目標にガイドされる自己モニタリングを行うことで、あなたと生徒は自分の進歩、成長を把握することができます。たとえば、ある生徒にとっての最初の目標は、誰かに助けを求める前に少なくとも1分間は、悩んでいる算数・数学の問題に向き合い続けることです（ほとんどの生徒は、算数・数学だと数分どころか数秒しか向き合いません）。あなたの個人的な目標が、生徒に教えるためのより効果的

注2　学ぶふりをしていることを含めて、学ぶことをやめてしまう問題である『挫折ポイント』を回避し、高い期待のなかで学習に取り組むことができるかという本（タイトル名が、『挫折ポイント』）がありますので参考にしてください。

な方法を学ぶことだったり、修士号を取得することだったりするなら、そのための目標を設定して、あなたの成長を生徒と共有してみてください。たとえば、あなたが研究から学んだことが、あなた自身をどうよりよい教師にするのか、どのようなことで粘り強くなるのに役立つのかを生徒たちに紹介するのです。また、忍耐強さと目標への継続的な取り組みが成功につながることを生徒に訴えるために、忍耐強く取り組んだ生徒や大人の例をたくさん見つけてみてください。障害や課題を克服した人には、たとえばビンセント・ヴァン・ゴッホ、ビートルズ、マイケル・ジョーダン、アルバート・アインシュタイン、ベーブ・ルース、ドクター・スース【アメリカの絵本作家、児童文学作家】、エイブラハム・リンカーンなどがいます。

チェックポイント

☑ 生徒の粘り強さ、忍耐力、自己モニタリングの向上を促すために、あなたはどのようにすればよいですか?

やりがいを感じられる指導

失敗することは簡単です。授業に出ているのに学習に取り組まないことも、宿題をしないことも、名前の欄以外が空欄のままの小テストやワークシートを提出することも簡単です。このように、私たちはあまりにも多くの教室で、生徒が学習に失敗することを簡単に選べるようにしてしまっています。

私の目標は、粘り強さ、支援、そして生徒が成功するという揺るぎない信念によって、私の生徒がそのような「失敗」を簡単に選べないようにすることです。それは、扱っている内容の難易度を落とすことではありません。先生方から「私は生徒に責任感をもってもらいたいと思っています。私の仕事は教えることであり、生徒の仕事は学ぶことです」とコメントが寄せられます。私も生徒たちに責任を果たしてもらいたいと思っていますが、私が生徒に課す挑戦的な課題は、彼らにとって発達的、知的、感情的に適切なものでなければなりません。

少し話を戻しましょう。あなたが5年生を教えているとします。失敗の連続で、多くのスキルが不足している生徒がクラスにいる場合、来年、中学校(注3)へ行くまでに学んでおくことが期待されているからといって、「自分の仕事(学ぶこと)には責任をもってね」と励ますだけで、その子

注3 アメリカの高校は9年生から12年生までと決まっていますが、それ以外は州や教育委員会によって異なります。6~8年生が中学校のところも、7~8年生だけが中学校のところも、さらには幼稚園~8年生までが小中一貫校のところもあります。

が突然期待どおりの仕事（学ぶこと）をするようになると思うでしょうか。

多くの人々は、有名な映画『アポロ13』の名言である「失敗という選択肢はない」（注4）［参考文献19］という言葉を受け入れるようになりました。この映画のシーンは、成功した教室がどのようなものかを示す強力なメタファーですが、私たちの行動は私たちの言葉と一致している必要があります。私は生徒に、最終的に成功するか失敗するかは自分でコントロールできるものだと教えています。一方で、生徒たちが成功できるような教室空間を提供するために、私自身が全力を尽くすことも伝えています。また、私は生徒が本当に「悲惨な経験」をしたときにしか、「失敗」と言わないことにしています。さらには、生徒が毎日ベストを尽くせるようにしています。昼食のときに生徒を見つけると提出物を返却し、ベストを尽くしていないとわかったときには再提出を求めたり、生徒の都合のよい時間帯に復習や補習を行ったり、自宅に電話をかけたり、メールを送ったりします。保護者を巻き込んで、罰を与えるような形ではなく、支援するという意味合いを強くした方法で、保護者に生徒をサポートしてもらったりもします。たしかに、生徒は努力しなければなりません。しかし、長年「失敗」と烙印を押され続けてきた生徒には、成功を収めるために十分なサポートを提供することが不可欠なのです。生徒が一貫して成功を示せるようになって、やっとその子が自分で責任を果たしはじめることを励ますタイミングになるのです。

チェックポイント

☑あなたがすべての生徒に求める、最低限の学習のあり方はどのようなものであるべきですか？
☑あなたが設定した生徒への期待を超えられるように、生徒をどのように励ましますか？
☑あなたは、最近の授業でどのくらいのレベルの挑戦をしましたか？　また、それは満足のいくものでしたか？

教室での学習は、私たち教師全員が「生徒一人ひとりが異なるニーズをもっている」ということに気づくまでは、部分的にしか成功しません。こういったことを教師に言うと、多くの場合、「私たち全員が、生徒それぞれが異なるニーズをもっていることは認めます。しかし、1日に30人、もしかすると130人もの生徒を教えているような状況では、すべての生徒個々のニーズに対応することは不可能です」という反応が最初に返ってきます。

注4　ミッションが中止になるほどの事故で危機的な状況となりながら、地球に帰還したアポロ13号を描いた映画です。この映画は1995年に公開され、当時の最新のCG技術を駆使し、アカデミー賞2部門を受賞しました。ここで示されているのは、実在の人物である主任フライト・ディレクターのジーン・クランツによる名言とされていますが、実際には映画制作時に生まれた言葉だといわれています。

たしかな事実は、幼い子どもたちであっても、キャリアを重ねた教師であっても同じだということです。私たちは全員、異なるニーズ、個々の課題、何が重要かという独自の価値観、そしてさまざまな長所と短所をもっています。

私は教師たちと一緒に、「私たちは皆、さまざまな違いがある」ということを実証してきました。学習内容に関する豊かでたしかな知識をもっている教師もいれば、生徒や保護者との関係構築に長けている教師もいますし、指導方法の創造性に長けている教師もいます。そのため、教員研修など専門性の向上を目指して集まるようなときには、私のような人間がファシリテーターとして、個々の異なる期待やニーズに対応することが不可欠となります。

私たちが幼稚園から大学院まであらゆる教室で、子ども・生徒・学生と一緒に活動するときにも同じことがいえます。全体的な目標はみんな同じかもしれませんが、そこに到達するための方法は、多くの場合異なります。一つたしかなことは、講義など直接的に学習内容を伝えるような指導を主な方法としている場合は、生徒のニーズに合わせて学びを「一人ひとりをいかすもの」にする機会が、ごく限られてしまうということです。方法が多様性を欠いている場合、短期的な成果は得られるかもしれませんが、多くの生徒にとっての長期的な成功は、制限されたものになってしまいます。

「一人ひとりをいかす教え方」については多くの書籍や記事が書かれていますが[注5]［参考文献49、50］、そこで扱われている中心的な問題は、教師があらゆる学習者の多様なニーズに、効果的に対応するにはどうすればよいのかということです。一人ひとりのニーズに合わせた学びは、カリキュラム（内容と方法の両方）、評価や成果物、そして教室内の環境を調整することによってつくり出すことができます。生徒一人ひとりがどのように学習するのがベストなのかを知ること、一人ひとりの生徒の興味や関心を取り入れること、それぞれの生徒のレディネスが十分なものとなっているのかどうかを判断することは、教室で一人ひとりをいかすアプローチを最大限に活用しようとする場合に、すべて重要な考慮事項となります。

生徒の学習体験の支援をどのように行うかは、高いレベルの思考力と根気を学びにもたらすうえで重要なことです。実際の教室で行われている学習を、階段を上がるようなものと考え、その段差が小さすぎたり、段の奥行きが浅すぎたりするような場合があるとします。これは、生徒がすぐに飽きてしまったり、教師や他の人の助けを借りなくても簡単に知識や理解を得られてしまったりするような状況をあらわしています。また、段差が大きすぎたり、勾配が急すぎたりすることがあるとします。これは生徒がより早く上達、成長することを期待しすぎている状況をあ

注5　残念ながら現段階で日本語に訳されているのは、『ようこそ、一人ひとりをいかす教室へ』と、その教え方を実現するために欠かせない評価面に焦点を当てた『一人ひとりをいかす評価』の2冊だけです。

らわしています。目指すべきは、生徒が自分の知識、パフォーマンス、達成度を向上させることに「挑戦する」必要があるくらいの難易度でありつつ、学習過程で押しつぶされてしまうことがないような、ちょうどよいゾーンを見つけることです。（注6）学校教育において、教師として私たちが目指すべきことは、サポートをする程度の差こそあるかもしれませんが、生徒が取り組むことができる複雑さ、挑戦、難易度のレベルを高めるための手助けをすることなのです。

チェックポイント

- ☑現在の授業や単元の中で、一人ひとりの生徒をいかす最適な機会はどこにありますか？
- ☑その際、具体的にどのような学習支援をしますか？
- ☑生徒一人ひとりがもつ、さまざまなレベルのレディネスと能力を考慮して、今日の学習を最大限にするにはどうしたらよいですか？

指標④の習得に向けたアクション

あなたの現状について振り返り、それを踏まえて次のステップに進むために、指標④の中心的な概念に対応した次のアクションを実践してみてください。

アクション――「マシュマロ実験」を頭に入れて、自制心を身につける

1960年代に実施されはじめた「マシュマロ実験」の名で知られている実験は、将来の社会的・認知的な成功において、子どものころの自制心と「楽しみは後に取っておくこと」が深く関係しているというデータを示しています。(注7) もともと30年以上前に、未就学児を対象に実施されたこの実験は、非常にシンプルなものです。それは、子どもに「一つのマシュマロを今食べることができるが、今食べるのをがまんすれば、研究者が戻ってきたときに二つ食べることができる」という選択肢を与えるものです。この自制心と「楽しみは後に取っておくこと」に関する実験は、学校教育にとって大きな意味をもっています。マシュマロ実験の最初の参加者から得られ

注6　ここで示されている「ゾーン」が、レフ・ヴィゴツキーのいう「発達の最近接領域（ZPD）」と呼ばれるものといえるでしょう。それをわかりやすく説明しているものとして、『教育のプロがすすめる選択する学び』（17〜19ページ、および136〜140ページ）を参照してください。そのゾーンを教師が見つける努力も大切ですが、より効果的な方法は、選択肢を提供して生徒自身に判断してもらうことです。

注7　この実験は、『マシュマロ・テスト　成功する子・しない子』ウォルター・ミシェル著、柴田裕之訳、早川書房、2015年で詳しく紹介されています。しかし、本書が発刊された3年後、2018年に発表されたワッツらの研究ではマシュマロ実験は再現できず、子どもの成功において重要なのは自制心よりも社会的・経済的環境であると結論づけられています。あくまで自制心だけでは将来の成功を説明できないだけであって、学習のプロセスにおいて自制心が大切なのはいうまでもありません。

た縦断的なデータによると、実験で自制心を発揮できていた子どもは、SAT[注8]の成績が高く、ボディマス指数[注9]が低く、さらには社会性と認知機能も高く、30年後も全体的に自己評価が高いというデータが示されています［参考文献34、46］。

生徒を席に座らせること、生徒が指示に従うようにすること、生徒を適切に行動させることなど、自制心に関する問題を学級経営の観点から考える教師は多いでしょう。しかし、自制心と「楽しみは後に取っておくこと」は、もっと大きく、広範囲に及ぶ意味合いをもっています。具体的には、自制心は教室の教師によって開発・強化されるものであったり、そうでなかったりします。自制心はものごとを続けるための味方となるものです。自制心がほとんどない生徒は、算数・数学の問題に対して、深く考えず衝動的かつ適当に答えを言ってみたり、小論文やワークシートの答えを書くときに頭に浮かんだ最初のアイディアを書き留めるだけで終わりにしてしまったり、理科の実験室で明らかになった仮説レベルの結果や推論を「検証された!」とみなしてしまったりするのです。学習プロセスにおける自制心の欠如は、推敲、課題の修正、テスト結果の確認など、自己モニタリングの欠如につながります。

粘り強さを欠く生徒に学びを継続させるには、解答にたどり着くまでの過程のどこかで、本人のその時点での成果や作品を誰かに見せたり、解答をコピーしたものに赤ペンを入れた具体的な姿を示したり、複数のテスト結果を詳しく説明したりするよう要求することが、大きな助けとなるでしょう。このような行動を習慣化することで、生徒の課題の達成度と正確性を高めることができるのです。そのためには、生徒にワークシートの空欄をただ埋めさせるだけではなく、それ以上の思考が必要な活動をするように求めなければなりません。生徒には、自制する習慣を身につけることを期待する以前に、あなたが生徒に求めることの価値を理解してもらう必要があります。

チェックポイント

- ☑ クラスで自制心と「楽しみは後に取っておくこと」を促進するにはどうしたらよいですか？
- ☑ 粘り強さを促進するために、あなたの生徒たちとのやり取りをどう変える必要があると思いますか？

注8　アメリカの大学入学で合否の基準として考慮されるテストです。日本のセンター試験（2021年実施回からは「大学入学共通テスト」）のような役割のものとイメージするとよいでしょう。

注9　体重と身長から算出される、肥満度を表す体格指数です。BMIと呼ばれているものです。

アクション——粘り強さをつくる。しかし、救命胴衣をいつ投げ込むかは心得ておく

「レジリエンス」(注10)は、「忍耐」や「努力」と密接に関係しているものです。具体的には、私たちが困難や挑戦にどのように対応するかによって、忍耐と努力を継続できるかどうかが決まるのです。「レジリエンス」が高まると、決意が強まり、リスクを冒してでも大きな課題に取り組むことを受け入れるようになります。もちろん、そのためにはより強い忍耐力が必要となります。耐えることを奨励し、忍耐力を高めることを目的とするならば、カリキュラムは生徒を中心とした魅力的なものでなければなりません。学習が教師中心に展開されるようなものである場合、知識、解決策の筋道、使用された学習のプロセスは、すべて教師のものであるままです。解決策や解答を再現したり、真似したりすることだけが、生徒の役割になってしまっています。学習が生徒中心に展開されるものになると、生徒は未知の問題や好奇心から解決策を探ったり、さらなる問題を解くために難題に立ち向かったりしなければなりません。多くの教師は、「学習に困難を抱える生徒は、それほど複雑ではない課題を好む」という誤解をもっています。しかし、実際にはそのような生徒であっても、好奇心を刺激し、思考を促す課題を好むことが研究で示されているのです(注11)［参考文献5］。

生徒の忍耐力を高めるためにできることは、彼らの好奇心を刺激するために、本当によい質問をいくつかするだけというような簡単なものではありません。成功するためには、生徒ががまん

する時間を数秒以下という状態から、数分以上に伸ばす必要があります。そのためには、生徒に「救命胴衣」を投げるタイミングと、サポートを提供する前に生徒やグループに悪戦苦闘してもらう限度を見極める必要があります。もちろん、最初の前提条件として、カリキュラムをより生徒中心のものにする必要があることは頭に入れておいてください(注12)。

具体的な例として、授業で遺伝について勉強しているときのことを考えてみましょう。ある世代から次の世代へと、特徴がどのようにして受け継がれていくのかについて、生徒が考えうるモデルを作成して発表することから授業をはじめることが考えられます。これは、パネット・スクエア（形質の遺伝を予測するために使用される図の一種）に関する学習をする前に行うのが理想です。生徒が完璧なモデルを発表することが重要なのでは決してありません。大切なのは、現在

注10　「復元力」「回復力」などと訳される言葉です。課題や取り組んでいることがうまくいかなくても、へこたれず、もう一度取り組もうとする力としてイメージするとよいと思います。

注11　日本で主流の授業は、教師中心ですらなく、依然として教科書中心の状況が続いています。「主体的・対話的で深い学び」などと言いながら、なぜ教科書中心の授業を推進し続けるのでしょうか。最後の「好奇心」については、『「おさるのジョージ」を教室で実現』、『退屈な授業をぶっ飛ばせ』、『あなたの授業が子どもと世界を変える』、『だれもが科学者になれる！』や72ページのＱＲコードのリストの本が証明してくれています。

注12　それは、間違っても教科書どおりの年間計画や単元案ではないことを意味します！

のスキルや知識を使って、このような複雑な問題に取り組むことです。そうすることで、生徒が実際にパネット・スクエアについて学んだとき、その概念には価値と意味がついてくるのです。

歴史の授業では、生徒に歴史的な大きな衝突・対立に至るまでの詳細を提供するということが考えられます（生徒がその衝突・対立を自分で推測できるように、それ自体の詳細は隠しています）。生徒にその衝突・対立の状況を解決するための方法を提案させ、実際の歴史の記録と、そのできごとがどう展開されたかの詳細を共有するのです。

算数・数学では、生徒が問題の解決方法を教師に頼りがちです。具体的に操作できるようなものやシナリオを提供して、問題が解けるかどうかを確認してみてはどうでしょうか。

私たちは、教師が最初にいくつかの解法の一つをモデルで示さなければ生徒は問題を解くことができない、あるいは問題を解きはじめることができないと考えがちです。そうではなく、生徒が問題に取り組み、ある程度の時間粘り強く取り組んだとき、自分で問題を解決するためにはガイドが必要なことや、場合によっては実際に自分で解決策を生み出せることに、気づけるようにするアプローチが必要です。粘り強さと忍耐の習慣は、時間をかけて身につけていく必要があることを忘れてはいけません。一度の試みでは身につかないのです。

国語では、教師中心のアプローチの例として、生徒がうまく書かれた文章や段落の例を読み、何がよくできているのかを議論し、その例に沿って自分なりにうまく段落を書くという実践があります。このような場合、生徒はその例を真似します。それに対してより生徒中心の教室では、教師はテーマを提供し、生徒に自分のできる最高の段落を書かせることからはじめます（ちなみに、この活動は効果的な事前テストにもなります）。そのうえで、生徒は他の生徒の作品を相互に編集し合ったり、作家の文章や新聞の文章、受賞歴のある生徒の作文などを読んだりするのです。そうすることで、自分の作品に立ち返って再考し、よりよいものにする方法を発見しようとする流れが生まれます。このようにして、彼らは自分の作品からスタートして、教師が示した例を鵜呑みにするのではなく、卓越した作品を完成させるまで粘り強く取り組むのです。教科に関係なく、生徒が自分の能力と正確性を高めるために、練習が必要であることを認識するのが重要なのです（注13）。

生徒には、教師を見て情報をオウム返しするだけではだめで、なぜそれ以上のことを期待しているのかを頻繁かつ明確に伝えるようにしてください。粘り強さと努力には、ある程度の精神的苦痛が伴うことを忘れてはいけません。具体的にいうと、最も簡単なことをする脳の「デフォルトモード」から抜け出し、新しい精神的習慣を開発するよう生徒に求めているのです。その結果、努力を重ねる学習は脳を変化させます。だからこそ、持続的な努力をサポートし続けることがとても重要なのです［参考文献8］。

チェックポイント

- ☑今学期、生徒に忍耐力を発揮してほしいと思う2〜3のテーマや概念は何ですか？
- ☑あなたは教師としてどのような分野で粘り強いですか？
- ☑生徒はあなたがより優秀になるために、粘り強く努力していることをはっきりと見てくれていますか？
- ☑それはどういう点ですか？
- ☑粘り強さを学級文化の一部にするにはどうしたらよいですか？

アクション──現在の能力に課題を合わせる

子どものころ、「蛇と梯子」というゲーム【インド発祥のボードゲーム。すごろくのようなものをイメージしてください】をしているとき、ある瞬間に爽快感を覚え、次の瞬間に悲しみを経験したことを覚えています。一瞬にして、ゲームボードの下の方から上の方に移動することができたかと思えば、逆もまた然りで最後のマスに近づいたところで蛇のマスの上に着地してしまい、出発点に近い下の方へ移動しなければならないこともありました。多くの生徒にとって、学ぶことはこれとよく似ています。自分は苦労しているのに他の生徒がすぐに「できるようになった」のを見て、どんどん後れをとっているように感じるところも似ています。

こうした生徒間の差にどう対応するかが、私たち教師としての分かれ目となります。私たちは、苦しみもがいている生徒が失敗を繰り返す状況をただ許容するだけではなく、それ以上のことをしなければなりません。中学や高校への進学に際し、何年もの失敗を経験した生徒が、進学した学校という新たなる「刑期」のはじまりに興奮しないということに、私たちはショックを受けることができるでしょうか。同様に、生徒がすぐに教材を習熟したからといって、その部分をそのまま放ってしまっているのに、さらなる高いレベルの成功へと飛躍することを期待するなどということをしていいわけもありません。

また、能力別クラス編成や能力別のグループ化によって、その答えが導けることもありません。

注13　訳者の一人である吉田が過去30数年間教育に関わってきて思うことの一つは、日本の学校教育に決定的に欠けるのがこの「練習」だということです。国語の授業には、書く練習の時間も読む練習の時間もありません。算数・数学の時間には、「正解あてっこ」をする時間が頻繁にありますが、数学的思考を練習する時間はありません。理科や社会科の授業では、たくさんの事実を暗記する時間は割かれていますが、科学的思考、地理的思考、歴史的思考（要するには、「探究」と言い換えられます）を練習する時間は取られていません。各教科で「最も大切なこと＝練習」をしないでいいのでしょうか。練習を中心に据えた教え方・学び方を紹介しているのが、国語では72ページのＱＲコード参照）、算数・数学では『教科書では学べない数学的思考』、理科では『だれもが科学者になれる！』、社会科では『歴史をする』および『社会科ワークショップ』です。http://projectbetterschool.blogspot.com/2015/03/blog-post.html（本文中のＱＲコード参照）も参考になります。

それらは、しばしば成績優秀な子どもの親をなだめる効果はありますが、結果としてすべての子どもが苦しむことになります。少し歴史を振り返ってみると、能力別クラス編成は、白人の特権をもつ生徒と、成績の低いと思われるアフリカ系アメリカ人の生徒を分けるためのツールとして、一般的に使用されていたことが明らかにされています［参考文献33］。これらの調査結果は、人種の能力に固有の違いがあるため、白人と黒人に別々のカリキュラムが必要であるという考えを支持したボストン市が訴えられた、「ロバーツ対ボストン市」(注14)のような1850年代初頭の連邦裁判所の判例にまでさかのぼるものです。

私たちは、このような固定観念を永続させることはできません。現実の世界でも同様に、私たちは能力別に人を分けるようなことはしません。たとえば、ある教師が他の教師よりも指導技術に長けていて、授業準備にもより多くの時間を費やしているということはありますが、私たちはそういう教師と成功していない教師を区別していません。なぜ私たちは生徒にも同じことをしないのでしょうか。そうです。このような考えに対する不平不満が聞こえてはきますが、能力別クラス編成や能力のグループ化はやめるべきなのです。いったん、現在の生徒たちの能力差を含め、「多様性」がもたらす強みを理解しはじめれば、すべての生徒が成功するように「一人ひとりをいかす学び」を設計することに集中することができます。生徒の能力レベルによってクラスを分けることは、「一人ひとりをいかす」という意味ではないことに、私たちは気づくべきなのです。

生徒がチームや個人で課題、複雑な問題、シナリオ、質問などの解決に向けて学習活動をするときには、それぞれの状況に応じて提供する視点の程度を変えればよいのです。英語を母語としない生徒や基礎的な読み書きが苦手な生徒には、会話や作文、探究のガイドとなるように、イラストと簡潔な定義が記載された主要な語彙のリストを、ラミネート加工されたカードにして与えればよいでしょう。そうしたことはすでに生徒のノートに書いてあるかもしれません（もちろん、そうでないかもしれません）が、目指すのは認知的な負荷を軽減し、与えられた授業で成功することの他に、二次的なメリットを得ることです。算数・数学では、「流暢な計算の仕方[注15]」に取り組むなかで、その概念に苦戦している生徒に明確な例を提供することができます。アイディアや概念をすぐに理解してしまう生徒には、追加の課題や問題を与えて探究させればよいでしょう。生徒がこの課題を懲罰的なものではなく、「挑戦」として捉えることができるように、課題を少し変更して、「基本的な概念をマスターしたことがわかったので、問題1から8の代わりに

注14　1850年にアフリカ系アメリカ人の女の子が、人種を理由に白人専用の学校への入学が認められなかったことを訴えた裁判です。裁判ではボストン市に有利な判決が下されましたが、州議会に問題を提起し、1855年にマサチューセッツ州では人種で分離された学校が禁止され、後にアメリカ全土の分離された学校が禁止されることになりました。

注15　単に計算スピードが速いというよりも「効率的で柔軟で正確な計算方法を手にしている」ことを示しています。

問題6から12を解いてください」と言うようにしてみてください。もしかすると、他の生徒もこれらの問題を試してみたいと思うかもしれません。つまりこれは、すべての生徒が「挑戦」するレベルを上げたということを意味します。この授業でのあなたの最大の目標が、「すべての生徒が問題6から8の問題を解くことができるようになる」ことだとします。しかし、そこに到達するために、少し手厚いくらいの支援が必要な生徒もいれば、思考を活性化させるために追加の課題を必要とする生徒もいるのです。個人またはグループのニーズに合わせて「一人ひとりの生徒をいかし」、適切に支援を提供するための教師の能力は、すべての教科・学年レベルで必要とされるのです。

チェックポイント

- ☑生徒または生徒のグループが「挑戦」するレベルを適切に上げることができるのは、カリキュラムのどのようなところですか?
- ☑あなたが提供する「挑戦」や学習内容の深さに対して、生徒が準備できているかどうかをどのように確認していますか?
- ☑生徒が活動、練習、または複雑な問題に適切に対応できないことを示した場合、課題のレベルを高く保ちながら、あなたがその状況に対応するために活用する、少なくとも三つの方法をもっていますか？

アクション――到達点を再考し、「一人ひとりの生徒をいかす」意味を見直す

多くの教育委員会は、非常に明確な「到達点」をもっています。それは年度末に行われるスタンダードテストや課程修了テストです。これが本当の到達点であることを生徒たちに強調するために、多くの学校や教師はこのテストが行われた時点で、基本的に授業をしなくなります。つまり、その時期の授業は、教師がベビーシッターのようになり、ただ生徒たちの面倒を見ているだけの時間という状態になるのです。具体的には、ビデオを見たり、生徒が好きなことをしたりするような時間になってしまうのです。もちろん、それらに価値はありません。

学年の途中段階でこのような時間の無駄が生じてしまっていることに、私は大きな問題意識をもっています。しかし、私が強調したいのは、到達点に向けて生徒をいかにして最善の準備ができるようにするかということです。もう一つの問題は、多くの予備的な「到達点」が1年の間のさまざまな時期に設定されていることで、リスクを冒してでも最高の作品を提出しようとする生徒の意欲を、大きく阻害する可能性があるということです。(注16) すべての課題が懲罰的に課されるもの（もしくは「正解」か「不正解」かのみで評価されるもの）である場合、生徒は教師が求めていると思うものだけを提出・提示する必要があるので、慎重になりすぎる傾向があります。

あなたのクラスには1学期間または1年間を通して、同じ生徒がいてくれます。そのため、最終的な目標は彼らが学年末までに達成する知識や能力であって、今日または中途半端なタイミングですべての問いに正解することではないということを、生徒に覚えておいてもらう必要があります。たしかに、途中で小テストなどがありますが、学習しているテーマや概念に対する準備状況は、人によって異なります。分数を小数に変換する方法や小論文の書き方を学ぶ場合は、各自がそれぞれのペース、それぞれの深さで、概念を理解するようになっていくのです。

このような状況を踏まえ、生徒の能力やレディネスの違いを考慮しつつ、すべての生徒に対応できるようにするためには、どのようにすればよいのかという問題が浮かび上がってきます。繰り返しになりますが、目標は必ずしも全員がその日のうちにある学習内容を習得することではないことを覚えておいてください。生徒の成長という観点からいうと、ゴールは最終的には学年末、あるいはもっと先になります。

目指すべきは、すべての生徒のさまざまなレベルのレディネスを理解し、それらのニーズに対応するように指導を修正することです。推奨される修正の一つは、主に要素に分けて繰り返しやるような学習から、「統合された練習」としての学習（ないしは「インターリーブ学習」）[注17]に移行することです。具体的には、要素に分けて繰り返しやるような学習では、その日またはその週にモデル化、議論、経験した問題やスキルと同じタイプの問題やスキルのみを生徒に提供することがあげられます。算数・数学では、生徒が分数で間違ってしまっている場合、生徒が次に解く問題はすべて間違ってしまうような問題であることを意味します。現在学んでいる概念だけでなく、これまでに学習した概念にも重点を置いた「統合された練習」としての学習を行うことで、生徒は長期記憶を改善し、学習の関連性を確認できるようになります。さらに、月曜日にはあるスキルを習得できていなかった生徒でも、たとえば2週間後には習得できるようになるまで、そのスキルを継続して学習することができるようになります。教室で展開される練習のタイプは、さまざまなダイエットに類似しています。要素に分けて繰り返しやるタイプの学習は、事後にほとんど維持することができない「食べて吐き出すというダイエット」のようなものです。一方、「統合された練習」としての学習は、すべての食品群を含むバランスの取れた食事を食べること

注16　日本でも定期試験の範囲を終わらせることに必死になっていて、真の意味で生徒のための学びとなる時間を確保できていない教室は多く想像できるでしょう。

注17　自分が習得したいものと関連性のある別のものをあえて一緒に学習するやり方です。たとえば、a、b、cというスキルを伸ばそうとしているとします。その順番として、「a（の練習）→a→a→b→b→b→c→c→c」ではなく、「a→b→c→a→b→c→a→b→c」という順序で取り組むというものです。サウスフロリダ大学のケリー・テイラーらは、2010年に発表した論文で、aとbとcを一緒に扱えることだけが重要なのではなく、それぞれのスキルの練習がある程度の間隔をあけてできるということも、その価値の一つではないかと述べています。

のようなものです。

「統合された練習」としての学習は、私たちの直感とは正反対のように思われます。私たちは何か得意になりたいものがある場合は、練習、練習、また練習…というように、別のことをやりはじめる前に、一つのことをひたすら練習し続ける必要があると思ってしまいます。しかし、科学的なデータは、一つのことをたくさん集中的に練習して得た短期的な成果は、すぐに失われることを示しています[参考文献8]。

一方、「統合された練習」としての学習は、最初はペースが遅くなってしまうように感じますが、学期の終わり（到達点）が近づくにつれて、より深く、よりつながりのある、長期的な成果が得られることを示しています[参考文献8]。その結果、「インターリーブ学習」または「統合された練習」としての学習は、要素ごとに分けてひたすらたくさん練習する形で学んだクラスよりも、実に2倍以上も学習の向上につながる可能性があることを示しているのです[参考文献6、43]。ただし、生徒や保護者にこのアプローチを支持してもらうためには、明確で一貫性のある説明が重要です。なぜならば、この学習方法はほとんどの人が経験してきたこととは逆のことだからです。

たとえば、優れたサッカー選手になるためには、1日中ゴールに向かってシュート練習をして、次の日は1日中フットワークの練習をし、その次の日は1日中パスの練習をするなんてことはありません。(注18)教師のなかにはスポーツのコーチを軽蔑する人もいますが、学べることはたくさんあります。「統合された練習」の考え方は、教師、小説家、警察官、医師などの専門的なトレーニングでもよく見られます。彼らの最も深い学習経験のなかには、時には熟達者への見習いやシミュレーション、臨床経験の形で、「統合された練習」が組み込まれているのです。たとえば小説家は、よい文章は座って考えを集める、調査する、執筆する、編集するというような単発的なものではないと知っています。むしろ、優れたエッセイや小説は、研究、執筆、編集という総合的な営みを通して、時間をかけて形成されていくのです。医師にとってシミュレーションは、さまざまな症状に基づいて患者を診断しようとする「統合された練習」としての環境を提供しているでしょう。

注18　サッカーの例でいうならば、「全員一緒にランニング」のようにボールを使わないフィジカルトレーニングと、戦術トレーニングが分離されて行われていることが、日本の育成年代ではまだ多いかもしれません。ただ、近年ヨーロッパでトレンドとなっているのは、戦術トレーニングのなかでサッカーに必要なフィジカルを鍛えるという「統合された練習」です。それは、(多くが全員横一列で実施される)分離されたトレーニングで行う動作が、試合で必要な動作と異なる(例「同じペースでのランニング」が実際の試合で延々と続くことはまずありえません)、ポジションによって必要な動作は異なる、などの理由からです。これと同じように、学習においても「統合された練習」によって、そこに含まれる要素も伸ばしていこうとする考えがここで示されています。

もしあなたが、生徒の現在のレディネスがどのような状態なのかを無視しているのであれば、クラスのどの生徒に対しても、同じことを同じ方法で教えているということです。それはもはや、壁に向かって教えているのと同じといってよいかもしれません。この状況は、多くのレベルで問題があることを意味します。あなたのクラスで、生徒同士で学習経験を共有させるような場があれば（例　探究学習、プロブレム学習【これらについての詳細は77〜78ページを参照ください】）、生徒の多様なレディネスに基づいて、「一人ひとりをいかす学習指導」にすることは、はるかに容易なものになります。多様な活動と「統合された練習」は、生徒の多様なニーズに対応することを可能にします。「統合された練習」では、生徒が学習するためのさまざまなアプローチを選択したり、経験したりすることができるなど、その生徒が最も必要とされる活動に重点を置くことができます。また、リハーサルの時間を必要とし、思考や考えの定着を促すプロセスを必要とするため、粘り強い学習を促進します。持続的な学習は、単なる事実の知識というレベルを超えて、概念や考えの相互関係を理解することを必要とする、より深く概念的な学びへとつながっていくのです。(注19)

チェックポイント

☑要素に分けてひたすら繰り返すような学習から「統合された練習」としての学習への移行をよ

り頻繁に行うために、あなたは生徒とどのようなことからはじめることができますか？

☑ この変化をどのように生徒に伝えますか？

☑ 宿題やクラス内の課題はどのように変わっていきますか？(注20)

注19　インターリーブ学習ないし統合された練習とほぼ同じ効果が期待される教え方に、こちらもまだ日本ではまったく知られていない学習センターを使った方法があります。これは、教室の中に授業の目的と生徒たちのレディネス、興味関心、強み弱み等を踏まえたコーナーを複数（生徒の人数にもよりますが、三つ〜六つ）事前に設置して、生徒たちがそれらをローテーション（移動）して学ぶ方法です。この方法は、モンテッソーリ教育を含めて、幼稚園や保育園および小学校の低学年では長年当たり前のように使われている方法なのですが、近年その効果に目を付けた中学や高校の教師も使い始めるようになっています。詳しくは、Hacking Learning Centersの訳書の『一斉授業をハックする——生徒の主体的な学びをもたらす学習センター（仮題）』を参照ください。

注20　宿題について、あるいは宿題と授業との関係については、『宿題をハックする』が参考になります。

第5章

指標⑤:
対話的で、
よく考えることを
大切にした、
意味のある学びをつくる

Teacher Highly Effective

TIP 5:
Interactive,
Thoughtfull Learning

教師であれば、マイヤーズ・ブリッグスタイプ指標（MBTI）[注1]［参考文献35］、またはそれに類似したものを使ったことがあるのではないでしょうか。では、あなたは外向的ですか？　それとも内向的ですか？　すべての人のうち、少なくとも3分の1以上が内向的であることを認識しているにもかかわらず、研究者たちは外向的な人の方が内向的な人よりもより賢く、見栄えがよくて好感がもてると、一般に認識されていることを指摘しています［参考文献10］。その認識は、教師としての私たちの成功を大いに制限してしまう恐れがあります。そのため、生徒について（無意識のうちにすら）抱いてしまう恐れのある、偏見につながる認識を特定して、それに対処することが重要なのです。

世間の認識は、先ほど示したようではあるのですが、アイザック・ニュートン、アルバート・アインシュタイン、スティーブン・スピルバーグ、J．K．ローリング、フレデリック・ショパンなど多くの並外れた人々は、自分が内向的だと認識していました［参考文献10］。100パーセント外向的な人や、100パーセント内向的な人というのは極めてまれです。私たちは外向性と内向性の両面をもっており、その程度が人によって異なるのだと認識してください。教師も生徒も、それぞれが外向的な性格に寄っているのか、または内向的な性格に寄っているのかはさまざまですが、教師は教室ですべての生徒の性格のタイプを認める必要があります。内向的な傾向も外向的な傾向も、どちらもすばらしいものであることを覚えておいてください。指導のあり方は、ど

ちらか一方を犠牲にしてどちらか一方を認めるのではなく、両方を認めるようなものにしなければなりません。（注2）

外向的な人は、他の人から感情的なエネルギーを得るため、社会により多くつながっているような環境を求めます。彼らは頻繁に他の人たちと会話し、簡単に他の人を巻き込みます。教室では、典型的な外向的な人が他の人と交流したいからといって、答えがわからなくても手をあげることがあります。しゃべってはいけないタイミングで誰かに話しかけてしまい、叱られることも珍しくありません。そうした生徒は、新しいアイディアを出すブレインストーミングの際に優れたパフォーマンスを発揮します。

一方、内向的な人は大人数のグループよりも、一〜二人の親しい友人との交流を好みます。授業でも、クラス全体での活動よりも少人数のグループでの交流を好みます。彼らは、静かに熟考する機会を大切にします。グループ活動では聞き役として他の人の話をしっかりと聞いて、その

注1　ユングの理論から導いた内省的な自己申告アンケートで、「ものの見方」「判断の仕方」「興味関心の方向」「外界への接し方」の四つの指標であらわされ、合わせて心理的な選好を16タイプに分類して捉えようとするものです。

注2　日本では、まだほとんど「外向的 vs. 内向的」の議論はありませんが、アメリカ等ではこの分野の本（教育本も含めて）がかなりたくさん出ています。教育者向けの本として、『静かな子どもも大切にする』を参照してください。

人を励まします。そして、突然の変化を好まない傾向があります。内向的な人は、十分な時間が与えられれば非常に創造的になることができ、細部まで考え抜く傾向があります。

先にも触れましたが、ユングなどは「完全に」内向的な人や外向的な人などは存在しないと述べています［参考文献21］。しかし、あなたやあなたの生徒は、対人関係（社会的な領域）と個人内のこと（自分の内なる世界）のどちらがより快適なのかを認識しておくことが重要です。加えて、ごく一部の人は内向的と外向的のちょうど中間あたりに位置し、両方の性質をもっているのです。

一般的な傾向を分類するために、性格検査をするのは簡単なことですが、重要なのはその結果をどうするかです。このことは教師にとって、生徒が、いつ、どこで、より外向的になるのか、いつ、どこで、より内向的になるのかを知ることを意味します。生徒のやる気を引き出すためには、授業において内向的な傾向と外向的な傾向のバランスを考慮することが重要です。静かな一対一での会話で成長するような生徒もいれば、大人数のグループでのやり取りを好む生徒もいます。また、あなたはおそらくクラスにも個性があることに気づくでしょう。控えめで静かなクラスもあれば、社交的でやり取りが活発なクラスもあります。

一般論として、私たち教師は常に、生徒が自然体でいるときの性格の傾向や好みの学習方法に対応できるようにする必要があるという考え方があります。しかし、この考えは必ずしも真実だ

指標⑤：対話的で、よく考えることを大切にした、意味のある学びをつくる

評価	1 改善する必要がある	3 うまくやれている	5 模範的である
相互作用の文化（⑤a）	豊かな対話の文化を醸成していく。		
	生徒が積極的に授業に参加していない。生徒の授業参加への積極性はないか、あってもまれである。	学習や課題が、授業のさまざまな場面ですべての生徒の授業参加に寄与しており、夢中で取り組めるようにしている。	学習や課題が、授業中、一貫してすべての生徒の授業参加に寄与しており、夢中で取り組めるように授業を進めている。
	教師と生徒の間、または生徒同士の間で明確な相互作用が促されておらず、対話や質問をしたり、夢中で取り組んだりするのを妨げる指導が行われている。	教師と生徒の間、または生徒同士の間で相互作用を促すことにより、時に対話をしたり、夢中で取り組んだり、動機づけできていたりしている。	教師と生徒の間、または生徒同士の間で相互作用を促すことにより、授業の全体で一貫して、対話をしたり、夢中で取り組んだり、動機づけできていたりしている。
	対人関係という観点から見て、すべての学習が個人内でのものか協働によるものかの一方だけであり、バランスがとれていない。	学習体験は、対人関係という観点から見て、協働学習と個人学習のバランスがとれている。	「3　うまくやれている」の内容に加えて、効果的なタイミングで、授業内容と対応した協働学習・個人学習が実施されている。
夢中で学習に取り組む度合い（⑤b）	よく考え、意図的に取り組んでいる。		
	対話や課題に明確な目的がなく、学習内容と生徒との個人的なつながりもない。	対話や課題は、目的に沿っており（大切なスキルや知識と関連づいており）、学習内容が個人的なものとつながっている（関係性があり、動機づけ、学習者を惹きつけるものになっている）。	「3　うまくやれている」の内容に加えて、生徒は議論や振り返り、またはその他の観察可能なデータから、学習内容が個人的なつながりのあるものになっているとわかる証拠を提示している。
	生徒との対話といっても、一問一答形式のようなものとなっている。	生徒は説明したり、理由をつけたり、解決策を考えたりすることを課題とした対話を頻繁に行っている。	「3　うまくやれている」の内容に加えて、生徒は他の生徒の反応や教師の反応を頻繁に批評できている。

出典：[参考文献 28]

というわけではありません。すべての生徒は、自信をもってコミュニケーションをとり、よく考えて文章を書けるようになる必要があります。そのため、生徒が自分の長所を伸ばし、短所を改善することを学ぶのを、教師が手助けする必要があります。これを達成するには、さまざまな方法を活用することができますが、目標は常に、生徒が受動的にではなく、能動的に学習に参加することだといえます。

指標⑤では、主として次に示す二つの問いに焦点を当てています。

> (1) 豊かな対話の文化を、どのように促進することができるか（相互作用の文化）
> (2) あなたの授業で生徒がよく考え、意図的に取り組んでいるのはいつか（夢中で学習に取り組む度合い）

相互作用の文化

指導方法とカリキュラムは、授業の進め方を決めるのに役立ちますが、生徒のやる気を引き出すためには、生徒への質問や学習に夢中にさせる方法を具体的に考えていくことが非常に重要です。ある教室では学習内容との間に距離があり、学習に取り組む気をなくしていたような生徒が、別の教室では生き生きとしているような状況を私はよく目にします。なぜこのような違いがあるのでしょうか。それは、その教科が好きだからということもあるかもしれませんが、教室につくられた「文化」が、生徒の取り組みと動機を決定づける極めて重要な要因だからです。

生徒の学習に取り組む姿勢を最大化するための一つの方法は、「ストレスを減らすこと」です。私たちの社会は、成績優秀者を重視しています。そして、学校ではそのような方向に生徒を追い込もうという意図が働いています。ただ、その結果として生徒が「何が何でも自分は成功しなければならない」という大きなプレッシャーを感じてしまうことがよくあります。実際には、教室の内でも外でも、課題は難しくてもプレッシャーが少ないというときに、生徒は最高のパフォーマンスを発揮することができるのです。リスクを冒したり、失敗したりすることを気にしていないとき、生徒たちは適切な指導のもとで、驚くような方法で自分自身に挑戦します。しかし、生徒が失敗を恐れていると、クラスメイトの前で馬鹿にされないように、挑戦することを避けてしまうことがよくあります。つまり、多くの生徒は「挑戦さえしなければ失敗しなかったのに…」と思ってしまっているのです。これは容易に理解できることであり、自分を守るメカニズムといえます。すべての生徒が学習に参加することがあなたの目標であるならば、安全で挑戦的でありながらも、ストレスの少ない環境を「文化」として生徒たちに提供する必要があるのです。

チェックポイント

☑すべての生徒が学習に取り組もうとする状況をつくるために、あなたはどんなことをしていますか？

多くの生徒が学習に高いレベルで参加しようとする文化をつくるためには、他人から学ぶ必要があるかもしれません。他人を巻き込むことを得意とする人もいれば、そうでない人もいると感じたことがないでしょうか。世の中で成功している人は、話し相手のことを本当に気にかけていて、それを気持ちで示すために魅力的な質問を頻繁にしています。

あなたが「すべての生徒を大切にしている」という思いをどのように示せばよいか、よく考えてみてください。それは、他人を惹きつけるための条件の一つです。ひょっとしたら、あなたは一部の生徒をひいきしてしまう傾向があるかもしれません。この点については、あなたの自己認識よりも生徒の認識の方が重要です。生徒の認識があなたの認識と一致しているかどうかを知るために、簡単な匿名のアンケートを実施することで、あなたの生徒との関わり方を生徒がどう感じているかを簡単に調べられるでしょう。そのアンケートは、次のような簡単な複数選択式の質問です。

○○先生は…

(a) 常に、すべての生徒の成功を気にかけている。

(b) 一部の生徒の成功を気にかけているが、他の生徒のことは気にかけていない。

(c) どの生徒に対しても、めったに気にかけていない。

興味や関心をそそるような質問をすることは、他の人を惹きつけるための第二の条件です。ブルームの思考の6段階【98ページの訳注を参照】の最下層に位置づけられるような「閉じた質問」は、会話を生み出すことがめったになく、生徒がさらに探究するための動機づけにもなりません。以下にいくつか、閉じた質問の例をあげてみましょう。

・この物語の作者は誰ですか?

・ベトナム戦争が起きたのは何年ですか?

・花を構成するパーツは何ですか?

このような質問の代わりに、次のような、より豊かでダイナミックな質問から会話をはじめることもできます。

・作者はどのような雰囲気や気分を伝えようとしていたのですか？

・あなたの答えの根拠は何ですか？

会話をはじめる際に、「開いた質問(注3)」となるような文章を書いてもらうことが役立つこともあります。そうした例を考えてみましょう。

・私の最大の望みは［　　　］です。

・もし変身できるとしたら、私は［　　　］に変身します。

もう一つの方法は、学習するテーマや題材について、気になることを生徒に尋ねてみることです。全体として目指すべきことは、疑問に思ったり、好奇心を向けたり、興味を表に出したりしてもよいという雰囲気をつくることです。生徒が好奇心をもっている内容を共有することで、相互作用が働く対話型の学習環境づくりを促すことができます。これは教え込むだけの学習環境よりも、はるかに生産的です。もちろん、生徒がそのテーマや題材に夢中になりはじめたら、一般的な事実に基づいた知識レベルの質問もする必要があるのはたしかです。しかし、そのような質問だけで学習を展開しはじめようとしてしまうと、そもそも生徒を夢中にさせることができなくなる危険性があります。

チェックポイント

☑どのようにすれば、生徒のモチベーションを高め、魅力的で目的のある会話を促進することができますか？

この章の冒頭で、対人関係（協働的な活動）と個人内のこと（自己内省的な活動）の両方に精通しておくことの重要性について述べました。これは、教師にも生徒にも当てはまります。教師は、保護者との交流、委員会での活動、生徒との活動、教科や学年団の一員として動くときなど、対人関係の世界に参加しなければなりません。また、授業の計画を立てたり、授業を実施したり、実施した授業を振り返ったり分析したりする際には、自己内省的な部分へ自らを導かなければなりません。どちらも教師としての成功につながる、必要不可欠な資質といえます。同様に、生徒も協働するスキルを身につけるために、プロジェクトにおいて他者と協力する必要があり、自己

注3 「開いた質問」とは、「愛とは何か」のように一般的には正解が一つではない問いのことで、長い説明を要するものです。

内省的な面でも自分の進歩を振り返ったり、自分個人の成果を示したりする必要があります。

大切なのは、対人関係で苦しんでいる生徒が、このスキルを発揮する場を回避できるようにせず、このスキルを身につけられるように支援することです。大人の社会では、他の人とうまく仕事ができないという理由で解雇されることがよくあります。内気な生徒や内向的な生徒には、クラス全体の前ではなく、少人数のグループで自分のアイディアを共有する機会を与えるのがよいでしょう。生徒が他の人と交流することに慣れてきたら、クラス全体の前で自分の考えや意見を発表する機会を与えるのですが、そこでは他のグループのメンバーの手助けや応援も必要となるでしょう。

学習の個人的な側面も、成功のためには重要なものです。生徒がより自己内省ができるようになったり、メタ認知ができるようになったりすると、生涯にわたって学び続ける人の重要な側面をもてるようになります。さらに、自分の長所と短所を理解することで、書くことや問題解決、学習習慣などについて抱えている問題を解決するために、有効な問いを自分で組み立てられるようになります。「個別で考え―ペアで共有し―クラスに紹介する（Think-pair-share）」という方法は、対人関係という観点から見た学習の両面（個人内でするものと協働してするものの両面）から生徒の成長を促すうえで優れた方法といえるでしょう。なぜなら、個人での思考（Think）と全体への紹介（share）の両方を、うまくペアの活動（pair）として組み合わせているからです。

クラスで紹介し合う際には、最後に学習を振り返るための質問をすることで学習が深まったり、より個人的なものになったり、「個人―ペア―クラス」が「個人―ペア―クラス―個人」というらせん状のものになったりします。たとえば、生徒がある情報やアイディアをクラスで紹介し合った後に、次のような質問に、ジャーナル(注4)やノートに書いて答えるという形で、学習を振り返ってもらうことができます。

・まだ混乱していることは何ですか?

・どのステップが一番難しかったですか?

チェックポイント

☑あなたは授業のどの部分で、生徒が対人関係の両側面(協働する活動と個人内での思考など内省的な活動)に関わる機会を提供していますか?

注4 思いついたこと、感じたこと、疑問・質問、あるいは図やスケッチなど、何でも書き込めるメモ帳のことです。レオナルド・ダ・ヴィンチも使っていたことで知られ、発想・創造力を豊かにしてくれます。

生徒が学習に深く関わること

ダンテの『神曲』の第一部である「地獄篇」にも引用されている有名なアポロンとディオニュソスの戦いは、「心」と「頭」の戦いであり、それぞれが異なるものを望んでいるように見えます。これと同じで、どのような学習が目的のあるもので、自分に関わりのあるものなのかは、生徒によって異なります。人生の多くのことがそうであるように、バランスと多様性が鍵を握っているのです。ダンテの例でいえば、学習はどちらか一方だけではなく、「心」と「頭」の両方が関わっているとき、すべての生徒が「自分ごと」として関われるものになります。

生徒が学習を自分ごととして関われるようにするには、趣味、スポーツ、芸術、音楽などと関連づけることが考えられます。また、生徒にとって意味のある問題や質問、課題を通して、生徒のモチベーションを高め、学習への取り組みを促進することができます。たとえば、高校生であれば車の運転に関連した話題を、書くことや数学、物理の問題に取り入れるなどの方法があります。(注5) 小学生であれば、身の回りのものや日常生活の一部が、自分ごととして夢中にするためのきっかけになることがあります。たとえば、犬が登場したり、いとこが登場したりするお話を読むことで、自分も犬を飼っていることや、いとこはこういう人だということを発表し、「他の人に聞いてほしい！」と思わせることができるかもしれません。中学生では、議論がプライベートなものになりすぎたり、学習の場で扱えるような範囲を超えていたり、恥ずかしい思いをしてしまったりしない限りは、人間関係が興味深い話題になります。

生徒の生活に直接つなげることが難しい場合には、その学習が目的をもったものであることを確認してください。たとえば、失業率の高さ、清潔な水資源の不足、政治的・社会的な不安定さ、深刻な所得格差など、重大な世界規模の問題にどうすれば生徒たちが触れられるかを考えてみてはどうでしょうか。このような問題を、特定のスタンダードに関連づけることが難しいと感じた場合も、生徒にとってより身近に感じられる話題を見つけることを第一に考えてください。たとえば、私は最近ある社会科の授業を見ました。そこで生徒の大多数は、言論の自由に関するアメリカ合衆国憲法修正第1条の権利を政府が制限してもまったくかまわないと答えました。私はこの問題がどのように生徒に提示されたかを知っていたので、その結果に驚きませんでした。もし、問題が彼らの大切にしているものに関連づけて出されていたら、結果は違ったものになっていたかもしれません。たとえば、もし政府によって生徒が聴ける音楽の種類を制限されたり、生徒が16歳になるまで公の場で話すことが禁止されたりしていたら、ということを考える授業であ

注5　アメリカの多くの州では日本と違い、16歳になると車の運転ができるようになります。

れば、おそらく彼らは言論の自由について、まったく違った見方をしていたことでしょう。

チェックポイント

☑生徒にとって、あなたの授業は目的があって、自分ごととして考えるものであるという認識を確実にもってもらうには、どのようにすればよいですか?

生徒が自分の考えを説明したり、論じたり、誰かのお手本になれるように理由を説明したりする前に、適切な「仕方」を理解させておくことが必要です。たとえば、算数・数学では、生徒にワークシートの短い答えを声に出して読んでもらったり、前の晩に取り組んだ宿題の解答を確認するために発表してもらったりすることは、生徒の思考力や学習に関わろうとする姿勢、自分の課題をより深く分析することを制限してしまいます。これらよりもはるかに効果的なのは、教師が提供する次のような質問です。

・他の解き方はありますか?
・誰か違う解き方をした人はいませんか?

問題の選択とその提示の仕方も大切です。似たような問題20題を解くような宿題の場合、その目標は特定の題材についてすらすら解けるよう、計算能力を練習することになるでしょう。その代わりに、20個の問題のうち5個だけを解法のモデルにするというものがあります。あるいは、さらによい方法として、生徒に自身の解答をモデルとして示してもらうとよいかもしれません。他の問題の解答は、単に示すだけでかまわないでしょう。生徒が黒板の前で問題に取り組むようなときは、時間を有効に使います。たとえば、他の生徒には他の問題の解答を確認してもらったり、他の生徒が見て議論できるように、ある生徒のプリントを書画カメラの下に置いたりします。ほとんどの教室では、ある生徒が黒板に向かって書いているとき、他の生徒はただ見ているだけという、多くの時間が無駄になるような状況があります。また、すぐに消せる小さなホワイトボードを使って、生徒がホワイトボードの左側に解答を書き、右側に補足として解法の説明を書いてもらうというやり方もあります。この方法は、思考過程に関するコミュニケーションを促し、文章による表現を練習する方法としても位置づけられるでしょう。

国語の授業では、ある生徒が自分の作文の主題文や最良の例をクラス全体に提示して共有し、他の生徒がその文章を批評して、より構成がしっかりとした文章、より明確な文章、より簡潔な文章にするという展開が考えられます。

チェックポイント

☑次の授業で、生徒が自分の考えを説明したり、理由づけをしたり、主張したりするために、どのような状況が提供できますか？

指標⑤の習得に向けたアクション

あなたの現状について振り返り、それを踏まえて次のステップに進むために、指標⑤の中心的な概念に対応した、次のアクションを実践してみてください。

アクション――生徒を積極的な取り組みに導く魅力的な質問をつくる

この数日間、あなたの質問はどのように生徒たちを積極的な取り組みに導きましたか？「もし○○だったら…」のようなシナリオを提示したり、時事問題から何かを共有したり、何らかの葛藤を提案したり、生徒が質問してきたことに焦点を当てたりしていましたか？ 186ページの表に示されている質問について考えてみてください。生徒に積極的に参加してもらおうとするための質問もあれば、単に内容を教えることだけを目的にした質問もあります。新しい授業を計画するとき、私の基本となるやり方は、ありふれた、あまり興味をそそられない質問（表の右の列のような質問）からはじめますが、その後は学習者の興味を惹きつけることのできるようなきっかけや手段を見つけるまで、それらの質問をつくり直します。ただ、次のことには注意してください。今まで学習内容に焦点を当てた質問しかしてこなかったような場合、翌日からの授業でいきなり、学習に参加してもらおうとするタイプの質問をはじめないでください。生徒が挑戦的で魅力的な問いに取り組めるようにするには、それ相応の支援や練習が必要です。私たち教師が尋ねる問いは、生徒が取り組むべき学びの深さを導くもので、生徒が新しい、より高いレベルに移行するための支援が必要となるのかもしれません。

チェックポイント

- ☑ この二日間で、生徒が参加したいと思うような、心を刺激し、重要な学習内容かプロセスを取り上げた質問を三つあげるとするなら、それはどのようなものですか？
- ☑ それらの質問をどのように改善することができますか？
- ☑ 今後数日間、生徒に参加を促すためにする質問はどのようなものですか？
- ☑ あなたのクラスでこの変化を足場にするために、どのように支援しますか？

生徒に学習への参加を促す質問と学習内容に焦点を当てた質問

教科（テーマ）	参加を促すための質問	内容を引き出すための質問
社会科 （戦争の原因）	・兄弟や友人と、大きく意見が食い違ったことがありますか？　そのとき何が起きて、どのように状況は解決されましたか? ・戦争は正当化されることがありますか？　説明してください。	・南北戦争の原因は何ですか? ・ベトナム戦争の原因は何ですか? ・アメリカ独立戦争の原因は何ですか?
算数・数学 （面積）	・地元のピザ屋さんでは、12ドルでMサイズ（12インチ）のピザを2枚、同じ12ドルでLサイズ（16インチ）のピザを1枚提供しています。いったい、どちらがお得なのでしょうか? 　どちらかのピザの外側の1インチ（クラストと呼ばれる部分）を食べないとしても、答えは同じですか?	半径7の円の面積はどのようになりますか？　式をつくってください。
国語 （よい文章を書くための要素）	・うまく書かれている文章を探し（本、記事、ウェブサイト、音楽の歌詞から例を選ぶ）、その文章がなぜうまく書かれているのか、自分の意見をはっきりさせましょう。自分の好きな商品の「商品案内」「説得力のある主張」「謝罪の申し出」のうちから最低二つ選んで、最高の文章を書きましょう。	次のテーマについて、1段落の文章を書いてみましょう。 テーマ：○○
理科 （ニュートンの運動法則）	・ジェットコースターに乗っているときや交通事故に遭った瞬間、宇宙船に乗っているときなど、さまざまな場面から一つを選び、そのときにあなたにかかっているすべての力をモデル化して描いてみましょう。	ニュートンの運動の三法則とは何ですか？　それぞれの例をあげてください。

注　1ドルは100～130円、1インチは2.54センチです。

アクション──「どのように」や「なぜ」を中心とした会話を枠組みにする

多くの授業では、一般的に一語で答えが返ってくるような質問（「○○とは何ですか」）に終始しています。答えが正しければ、それを確認して先に進みますが、不正解の場合は正しい答えを提示するか、他の生徒に正しい答えを求め、それを確認して先に進みます。そのとき、生徒がほとんど興味を示さなかったり、無関心だったり、授業中に寝ていたり、教室のなかが騒がしくなってしまったり、教師をぼーっと見つめていたりすると、私たちはあきれていたことでしょう。

対話があり、モチベーションが高く、魅力的な教室をつくるためには、私たちはそれが起こりうる状況をつくり出す必要があります。そのための一つの方法は、生徒から話を引き出すために、「どのように」や「なぜ」からはじまる質問を増やすことです。これは、単一の事実や孤立した概念、暗記すべき独立したスキルに焦点を当てるだけにとどまらないことを意味しています。別に、「なに」を聞き出す質問には価値がないといっているのではありません。生徒が詳しく説明したり、自分の答えの根拠を述べたりすることを求めるような質問は、生徒が学習に主体的に参加できるようにするうえで、非常に強力なものになるのです。教室にいる他の20～30人の生徒が蚊帳の外になるような、教師と一人の生徒との間で行われる質疑応答ゲームのような時間を避けることが大切です。生徒が反応を示し、考え、探究し、アイディアを他の人に共有したくなるような質問をするようにしてください。

たとえば、「生徒にある文を読んでもらい、ある動詞について、正しいのは単数形か複数形かを選ぶ」というような課題ではなく、「いくつかの文章を生徒に与え、誤りがあったところを見つけてもらい、正しく直すようにする」というような課題を問うようにしましょう。この場合、前者の課題は主語と述語の一致に焦点を当てています。一方で、推奨している後者の課題では、生徒が文章を書くときによくやってしまいがちな、他の誤りも扱うことができます。指標④で、一つのことに焦点を当てて、その反復練習をするよりも、「統合された練習」や「インターリーブ学習」【161ページの訳注を参照】をする方が、どれだけ価値があって魅力的なものかを確認しました。たとえば編集者が原稿を読む際、まず主語と述語の一致のみを確認して、その後に受動態や文体の一貫性だけを確認するために再読するなんて手順を踏むことはありません。前述したように、インターリーブ学習というやり方は、教室で「一人ひとりをいかす学び」を提供する機会を生み出してくれます。

理科では、「どのように」や「なぜ」からはじまる質問が、生徒が自分の周りの自然界をよりよく理解し、説明するのに役立ちます。数学では、ありふれた問題（例　3x－y＝7という方程式をグラフ化せよ）を出題することもできますし、生徒をグループに分けて、1メートルものさし、ストップウォッチ、グラフ用紙を用意して、教師や他の生徒が指示する運動（例　一定の速度で歩く、だんだん一定に速くなるよう歩く）をグラフ化させることもできます。どちらの問題も、直線の方程式、グラフ化、傾きなどの事項を扱っているものです。しかし、後者の問題は、計算だけでなく、観察、測定、分析に取り組むことを生徒に求めています。たしかに、すらすらと計算できるようにするために、ドリルのような練習問題は必要です。ただし、これらの問題は生徒がその学習内容に対して、夢中で取り組めるようになったあとですべきことです。

チェックポイント

- ☑今あなたは、生徒をどのように学習内容をめぐる話し合いに取り組ませていますか？
- ☑その話し合いをどのように改善することができますか？
- ☑授業のどの場面で、どのようにしてスキルや学習内容についての単純な練習問題をするタイミングを見つけますか？

アクション――自己中心の学習からアイディア中心の学習へ

6歳までの子どもは通常、思考や学習に関して自己中心的です。ピアジェはこれを「自己中心性」と呼びました。2年生以上になると、他者の視点を理解する能力が身につくとされています。[注6] しかし、私たちの教育は、概してこの能力を伸ばすことができていません。私は、全国各地の教室で行われる授業を定期的に訪問しています。幼稚園から高等学校まで計40のさまざまな教室で展開された授業を観察した直近の結果を根拠に、「伸ばすことができていない」と述べているのです。これらの学校で行った観察のなかで、生徒が他の生徒の考えに基づいて交流し、それによって考えを発展させることができていた教師は、わずか4人（10％）でした。他の36の教室では、生徒は自分の考えだけに基づいて活動しているか、教師とのお約束ごとレベルのやり取りをしているだけでした。こうした「自己中心性」そのもののような授業であっても、学習のきっかけとなる質問をすることによって、少し手を加えるだけで、（それらの質問が、生徒たちが自ら生み出したものであるのか、他人が生み出したものであるのかにかかわらず）考えを議論し合いながら学んでいく「アイディア中心」の授業へと発展していく可能性はあります。

あなたの授業が、「自己中心性」そのもののような段階のままでいるのか、それとも「アイディア中心」の状態になっているのかを確認する簡単な方法があります。それは、生徒がどれほどの頻度で、他の生徒と同じ考えを述べているか、また同じような質問をしているかを観察したり、耳を傾けたりすることです。授業がアイディア中心の状態になると、生徒はクラスメイトが出した考えや、質問に基づいて知識を広げはじめます。

国語の授業では、作家[注7]が書いた文章を分析することから学習をはじめます。生徒のグループは、その文章を改善するためにやり取りをはじめます。そしてその後、クラスが一丸となって、よりよく書かれたと判断できる一連の文章をつくり上げます。

算数・数学では、生徒たちがある問題の答えが一致しない場合、異なる答えがどのように導かれたのかを確認し合います。この活動では、生徒はすべての可能性を視野に入れて、どこで誤りが起こったのかを探ります。これができれば、生徒たちは自信をもって正しい解答を導けるようになります。この授業では、生徒がさまざまな可能性を考え出すまで、教師はどの答えが正しいかを示しません。生徒が自分の解答を、自分で導けるようになると、教師への依存度が下がり、自分自身やクラスメイトへの依存度が高まります。この特徴は、生涯にわたって学び続ける人特有のものであり、「学校ごっこ」をしている人にはないものです。

注6　「思考の発達段階説」と呼ばれるものです。もちろん個人差はありますが、ピアジェは4段階を想定しました。感覚、運動によってものごとを認識する「感覚運動期」（0～2歳）、直感的思考が働くとされる「前操作期」（2～7歳）、論理的な思考ができるとされる「具体的操作期」（7～12歳）、抽象的、形式的にものごとを考えることができる「形式的操作期」（12歳～）です。

注7　この中には教室の中にいる生徒の作家たちも含まれます！『国語の未来は「本づくり」』をはじめライティング・ワークショップと「作家の時間」関連の本を参照してください。

チェックポイント

☑ よりアイディア中心の授業をつくるために、どのようなところから変えていくことができますか?

☑ どのようにして、アイディア中心の授業を日常の学習の一部にしていくことができますか?

アクション――目的と関連性を高める

物理を教えはじめた最初の年、私は生徒のために、問題を解いたりモデルをつくったりしながら、必要な方程式を簡単に導き出すことに大きなプライドをもっていました。しかし、物理の授業がはじまってから数週間後、非常に優秀な生徒が授業で口をはさんできました。「今日もまた黒板にスパゲッティを描くつもりですか?」と皮肉を込めて尋ねてきたその言葉に、私のプライドは一瞬にして押しつぶされてしまいました。その生徒の発言の真意を確認するために、私は詳しい説明を求めました。するとその生徒は、私が物理の問題を解いているとき、大きなボウルに入ったスパゲッティが無造作に黒板の上に投げ込まれたように見えることがあると説明してくれました。それを聞いて私は謙虚に、自分の教え方を考え直しはじめました。効果的な教え方とは、自分の知識を見せびらかすことではなく、生徒が学習内容を自分ごととして捉え、目的のある学習を生徒に経験してもらうことだと、そのとき気づいたのです。

これまでにも述べてきましたが、授業や問題、学習のテーマを、生徒の興味のある音楽やスポーツ、その他のことと関連づけることができれば、学習はより自分ごととして捉えられるものになります。これは、私たち教師がまるで生徒の一人であるかのように、10代の若者言葉を使って「クール」になろうという意味ではありません。生徒には、「若者ぶった先生」というクラスメイトが一人増えるよりも「ロールモデル」としての教師が必要なのです。しかし、私たちが生徒たちの世界に興味を示すとき、生徒たちはすぐに私たちの授業や目標に順応するようになります。算数の問題に出てくる架空の人物を生徒の名前に変えてみたり、文学についての話し合いのなかで人気のある音楽グループや歌の話題に触れてみたりするなどの、簡単な手立ても考えられます。

感情に訴えかけることも、生徒の興味を引くための手段の一つです。あなたの過去の経験のなかで、一番鮮明な印象として残っている授業や経験について考えてみてください。これらのできごとには、著しく感情的な側面があったはずです。あるいは、最後に何か大きな買い物をしたときのことを考えてみてください。マーケティング会社は、クライアントの商品や会社と、私たちのポジティブな感情を関連づけるために、何千万円もの大金を費やしています。ロバート・プルチックは、歓喜や敬愛といったものから、激怒や退屈といったものまで、24種類の感情を識別して、分類する「感情の輪」というものを開発しました（注8）［参考文献42］。もちろん、恐怖などの感情によって、生徒たちの記憶に残る授業にすることもできます。しかし、授業の目標はあくまで生徒のポジティブな感情面と関連づけることであるのを忘れてはいけません（私が9年生のときの幾何学の授業は、「恐怖」が中心に据えられていました。先生は、私たちを立たせて定理や仮定を暗唱するように求めました。そこで覚えていなかった人は、恥ずかしめを受けることになっていたのです）。私たちは、信頼、興味、関心、好奇心などの感情に関わる、ポジティブな文化を育んでいくことで学習者と関わり、挑戦していきたいと考えています。

次の指標⑥で重点を置いている、好奇心や創造性などにも関わりますが、国語の授業にポピュラー音楽の歌詞をもち込んだり、経済の授業にグローバルな課題をもち込んだり、算数・数学や理科の授業に現実のデータをもち込んだりすることで、学習に目的と生徒自身とのつながりを与えることができるでしょう。「天気図に書かれている記号を解釈できるようになる」というような目標ではなく、「明日の天気を予測できますか?」というような質問からはじまる授業の方が、より夢中になれるのではないでしょうか。「頭語があって、それから時候のあいさつがあって…」というように、単に手紙の書き方を覚えるよりも、好きな作家やミュージシャン、その他の有名人に、実際に手紙を書いてみたいと思わないでしょうか。いずれの場合も目標とするところは同じですが、それらの学習に取り組む生徒一人ひとりの熱心さはまったく異なるものになります。

生徒は、すべての学習内容を知らなくても、そしてそれに取り組むために必要なスキルをもっていなくても、天気を予測する方法や、手紙の書き方を考え出すことができるのです。実際、生徒たちはすぐにその方法を発見し、目標を達成するために必要な情報を求めるようになります。生徒が「知りたいこと」に関する情報を質問するような授業を想像してみてください。

チェックポイント

- ☑生徒の感情的な面に訴えかけるには、どのようにしたらよいですか？
- ☑これから数週間の間に、カリキュラムと生徒の生活を結びつけるさまざまな方法をリストアップしてみてください。
- ☑最も学習に問題を抱えている生徒や、興味を失ってしまっている生徒と学習内容との関連をどのようにつくろうとしていますか？

注8　怒り、恐れ、期待、驚き、喜び、悲しみ、信頼、嫌悪、イライラ、不安、関心、放心、平穏、哀愁、受容、うんざり、激怒、恐怖、警戒、驚嘆、歓喜、悲嘆、敬愛、強い嫌悪の24種類があげられています。これは感情同士がいかに関係し合っているのかということを表すモデルとしても知られています。

アクション――生徒に、説明すること、理由づけをすること、自分の意見が正しいと主張してもらうことによって、学習に対する期待感を高める

質問をどのような枠組みでするかによって、生徒の答えが思考のレベルで低次なものになるのか、高次なものになるのか、表面的なものになるのか、深いものになるのか、自信をもったものになるのか、「○○っぽい」というようにニュアンスだけのものになるのかが決まります。具体的に、「なぜそう思うのですか?」「それはどのようにしてわかったのですか?」「どうすればこれを理解することができますか?」というような質問は、より深い思考を促し、困難な質問にも挑戦しようとする生徒を育てるための方法となります。対照的に、「皆さん、わかりましたか?」「まだ何かわからないところがありますか?」というような一般的な質問では、期待するような結果は得られません。後者のタイプの質問は、豊かで深く思考するような学びを促す質問どころか、「自分にはほとんど関係のないことだ」と聞き流されてしまう質問になりがちです。「まだ何かわからないところがありますか?」という質問には通常、質問をしようとしていた生徒しか答えてくれません。

漠然とした質問や、生徒に聞き流されてしまうような質問を修正して、生徒に自分の考えについて考えるように求める、「メタ認知的な答え」をつくってもらうことを意識してください。たとえば、「皆さん、わかりましたか?」という質問を「あなたが一番困っていることや難しいと

思っている内容を、まわりの人と話すかノートに書いてください」と変更します。この変更は、生徒のメタ認知を促進するだけではなく、学力差を縮めるうえでも役立ちます。「皆さん、わかりましたか?」のような漠然とした質問は、一般的に学業成績のよい生徒からのみ、答えが出てきます。困っている生徒たちは、何を答えたらよいのかわからず、かといって質問をしてよいとも感じていません。すべての生徒が課題となる内容に集中してもらうことは、成績が思わしくない生徒が自身に足りない学習スキルを身につけるうえでも役立つのです。

チェックポイント

☑最近、生徒に説明してもらったり、根拠を述べてもらったりすることで、生徒が自分の成果物について、より深く考えることにつながったのはいつのことですか?

☑どのようにすれば、これをより一貫した活動として成立させられますか?

☑どのようにすれば、生徒がもっとあなたの授業に期待をもてるようになりますか?

第6章

指標⑥：創造的で問題解決を志向する文化をつくる

Teacher Highly Effective

TIP 6:
Creative,
Problem-Solving Culture

好奇心とは、「探究したい」という飽くなき欲求であり、人が幼いころからもっているものです。[注1]しかし残念ながら、多くの生徒は学校に通いはじめるにつれて、何らかの要因で好奇心を失ってしまう傾向があります。それは、学校が質問をつくったり、解決策を探したりすることではなく、単に事実を知っているということを褒め称え、賞賛の拍手を送ってしまうようなことが要因なのかもしれません。

ハイ・ステイクスなテスト[注2]のせいで、学校は挑戦と好奇心の場から、短絡的な思考と事実を思い出すだけの場へと変化してしまっています。レオナルド・ダ・ヴィンチ、トーマス・エジソン、アルバート・アインシュタイン、そしてフィロ・ファーンズワースといった人物たちは、非常に好奇心にあふれた思考をする人物像そのものといえるでしょう。彼らが何かを考えたり、疑問を抱いたりすることができたのは、科学、工学、そしてときには、芸術の分野で語られていることを関連づけて考えることによるところが大きいといえます。(ところで、フィロ・ファーンズワース[注3]がどのような人物だったのか、知りたいと思いませんか?)

創造的な思考は、建築分野から美術分野、経済学や起業家精神に至るまで、学習することのできるすべての領域、すべてのキャリアパスに関係するものです。では、すべての生徒が好奇心と創造性をもてるようにするため、教師や指導者の立場からどのような支援が考えられるでしょうか。

私たちにできることはたくさんありますが、重要な出発点となるのは、クイズやテストのために事実を暗記させたり復習をさせたりすることではなく、パズルや謎解きのように、教えるべきことを教えたり、学習経験を積ませたりすることです。指標④で確認した、課題と期待の高さについての議論をさらに超えて、生徒が本質的な事実、学習の核となる内容、重要なアイディア（概念）などを確実に学ぶことを保証しつつ、彼らが好奇心と創造性をもてるような環境をつくれるように、バランスを模索する必要があります。

一般的に、好奇心とは情報のギャップに対する反応であるといわれています。具体的に、私たちの好奇心は「知っていること」と「知りたいこと」の間にギャップがあるときに増加するとされています。そのギャップがあまりに小さすぎると、「知りたいこと」を知ることが些細なことになってしまうので、好奇心は薄れていきます。逆に、そのギャップが大きすぎると、「知りた

注1　生徒の好奇心をいかすための方法については『「おさるのジョージ」を教室で実現――好奇心を呼び起こせ！』を参照してください。

注2　成績や受験など、生徒の将来に直結してしまうテストのことです。日本でいうところの、入試や成績に影響する中間・期末試験に相当します。

注3　Philo Taylor Farnsworth、1906―1971。アメリカの発明家で、世界で初めて「あるもの」を発明した人物です。

いこと」を知るための道のりが、現在の能力では厳しいと感じてしまうので、好奇心は失われてしまいます。その意味で好奇心は、情報のギャップの大きさと私たちの自信とのバランスから見て、「ちょうどよい」ゾーンにあるときに、最大の創造性が生まれるのです。そしてこれは、まさにヴィゴツキーのいう「発達の最近接領域」【147ページの訳注を参照】〔参考文献52〕を指しているといえます。そして、教師の目標はそれぞれの生徒が最大の創造性を発揮することのできる適切なゾーンを見つけることになります。

学校では主に、認知能力や知的能力と呼ばれるものについてテストをしています。しかし、これらの能力は、生徒の将来の成功から見ると、ほんの一部分をあらわしているにすぎません。たとえば、誠実で好奇心豊かであるという性格面の特徴は、将来の成功において知性や一般的な認知能力と同じくらい重要なものであるとされています〔参考文献22〕。結局のところ、教師の大切な役割の一つは、好奇心における生徒のモデルとなり、生徒が仮説を立てて何かを探究しようとするモチベーションを高めるように導くことだと考えられます。もちろん、ある事実についての知識が重要でないとはいいません。しかし、生徒が好奇心と創造性をもてるような教室の環境は、事実についての知識を「目的を達成するための手段」として捉えます。つまり、知識を得ること自体が目的ではないのです。

指標⑥では、主として次に示す二つの問いに焦点を当てています。

(1) 創造性と好奇心に満ちた学習環境をどのように育み、推進すればよいのか(「創造的な文化」)
(2) 創造性と問題解決を促す学習体験をどのように提供すればよいのか(「問題解決を志向する環境」)

創造的な文化

創造的で想像力が豊かで、革新的[注4]であるためには、「リスクを冒してもかまわない」という姿勢が重要となります。とはいえ、リスクを冒すことは多くの場合、失敗への恐れや未知への不安などの恐怖心に、立ち向かう必要があります。

注4 「イノベーティブ」という言葉が使われています。日本の教育の分野ではまだほとんど使われることがありませんが、ITなどの起業家がビジネスの世界でしているように「新しいことを躊躇せずに試してみる」という意味です。このマインドセットをもてるようにするための本が、『教育のプロがすすめるイノベーション』ですので、ぜひご一読ください。

私はいつも、クラスごとに異なる個性をもっていることに感銘を受けてきました。たとえば、1990年に高校の化学の授業を教えたクラスは、私を大いにイライラさせた、ユニークなクラスでした。ただ、そのいらだちの原因に気づいたのは、何年も経った後のことでした。生徒たちは行儀がよく、意地悪でも残酷でもなく、言われたことはしっかりとやりました。しかし、彼らのなかにリスクを冒そうとする生徒が一人もいなかったのです。その結果、授業はたしかに何事もなく流れていましたが、胸の高鳴りを感じることもありませんでした。彼らはどのようなことに取り組むにも、まず自分自身の安全を優先し、活力や好奇心を生み出すことはまったくありませんでした。授業に出て課題をこなしてはいましたが、創造性や革新性を発揮したり、何かに疑問をもったりすることはなかったのです。彼らは、自分たちを取り巻く世界について、何も知ろうとしませんでした。彼らは教育を「課題をこなすこと」「よい成績を取ること」「よい大学に行くこと」としか捉えていないように見えました。

そのクラスの生徒たちのことを思い出すと、私は「みんなはどのような人生を送っているのだろうか。今も、安全であること、無難であることを大切にして活動しているのだろうか」と考えてしまいます。「人生」とは、未知のことや予期せぬことに挑戦したり、今までやったことのないことに挑戦したりするときに、おもしろくなるものです。振付師になるにしても、ベンチャー

指標⑥：創造的で問題解決を志向する文化をつくる

評価	1 改善する必要がある	3 うまくやれている	5 模範的である
創造的な文化 (⑥a)	創造的で探究心のある学習環境をつくる。		
	生徒は、与えられた知識をそのまま表現することしか期待されていない。	生徒は、考えを表現する際、彼らがもっている創造性を発揮するよう促されている。教師は創造的なやり方のモデルを示している。	生徒は、新しいコミュニケーションの方法を見つけ、アイディアを共有し、発表し、議論することを期待されていて、それらの観点から賞賛されている。
	生徒の好奇心や疑問は、教師の行動で抑圧されている。	生徒の好奇心を永続させたり、生徒がつくった質問を奨励しようとしたりする文化がある。	好奇心をもつことや生徒が質問をつくることが、授業のあらゆる場面で一般的なものとなっている。
問題解決を志向する環境 (⑥b)	創造性と問題解決を促す学習体験を提供する。		
	生徒は「閉じた質問」でしか学ばない。生徒は先生の真似をする形でしか学ばない。	教師は、生徒が「開いた質問」に対する解決策を求められる環境をつくっている。	「3　うまくやれている」の内容に加えて、生徒は自分で解決策を探すことにかなり積極的で、取り組む「開いた質問」が複雑なものであったり、多くの段階があったりする。
	授業では、生徒が創造性を発揮することが許されたり、求められたりしておらず、たった一つの視点や解決策しか扱っていない。	授業では、教師が複数の視点や代替可能な解決策、説明を検討する機会を提供している。	生徒は、複数の視点から積極的に検討し、教師の指示なしに代替可能な解決策や説明を提示している。
	生徒が探究・質問・観察する前に、すべての定義が与えられている（実際に経験する前に、問題を解くための手順、定義、説明が提供されている）。もしくは、生徒が自ら探究する機会が保障されていない。	教師は、全体への説明がなされる前に、生徒が主要な概念や考えを探究することを促している。	「3　うまくやれている」の内容に加えて、生徒はどのように探究するか、その手立てを考える際に積極的な役割を担っている。

出典：[参考文献 28]

キャピタリスト[注5]になるにしても、専業主婦になるにしても、弁護士になるにしても、科学者になるにしても、優れている人は「もし、こうだったら…」と疑問をもったり、あるものごとがどう他のものと違っていていてどうすればよりよいものになるのかを考えたりすることをいとわない人です。そして、そのような人になるためには、創造性、粘り強さ、何事にも恐れない気持ちが必要となるのです。

私は生徒たちにいつも、「教室は失敗しても大丈夫な場所である」ということを伝えています。また、生徒たちが学び、成長していくなかで、「今までに試したことのないことにも挑戦してほしい」と伝えています。もちろん、テストのときは失敗ではなく成功してほしいと思っています。しかし、人は成長するための努力を行う際、時に早い段階でつまずくこともあります。日々罰を与えられる恐れがあり、すべてが正解か不正解かで評価されるのであれば、生徒はリスクを冒そうとは思わなくなるでしょう。成績を気にしなければ別ですが、そういうわけにもいかないでしょう。おそらく私たちは長い間、ものごとを逆に捉えてきてしまったのではないでしょうか。学習の過程で間違いを避ける方法を探すのではなく、失敗を褒めたたえるべきなのかもしれません。失敗を認識して、それを改善しようとする意思があれば、「失敗から学ぶ」という成長につながることがあるからです。あなたが最近犯した「最高の」失敗は何ですか？

チェックポイント

☑どのようにして生徒に創造的な思考を促しますか？

好奇心をもつことを促し、質問するのを奨励することは、新しいスタンダードとの関連においても期待されることの一つです。たとえば国語では、全米共通基礎スタンダード（ＣＣＳＳ）において、異なる意見を統合すること、推測すること、関連づけることが求められています。数学では、解釈すること、考えを拡張すること、比較することが求められています。理科では、モデルをつくり、創造し、実験を設計することができなければなりません。これらのスタンダードを達成するためには、創造的で好奇心旺盛な生徒にならなければなりません。その過程で、創造的な思考力は、生徒の学習内容の習得度を高めることができるのです［参考文献４］。

同様に、ＡＰプログラム【117ページの訳註を参照】と呼ばれる高大接続のための学習課程と試験を開発しているカレッジボード【高等教育の普及を目的とするアメリカの非営利団体】は、36あった学習課程のすべてを改訂しはじめています。主な変更点は、より精選した学習テーマを取り上げ、

注5　優良企業や成長企業に投資して、投資先企業の成長を実現することによって収益を得る職業です。

暗記よりも創造的で深い思考を重視することに焦点を当てるというものです。

こうしたスタンダードや生徒への期待の変容は、別に学習内容の知識をなくすことを目指しているわけではありません。「何を学ぶか」だけに主眼を置くことからの転換を表しているのです。つまり、「何を」「どのようにして」「なぜ」学ぶのか、ということを統合しなければならないのです。(注6)

チェックポイント

- ☑ あなたの教室では、好奇心と疑問をもつ文化がどのような形で見えますか?
- ☑ それを改善するために、どのような段階を踏む必要がありますか?

問題解決を志向する環境

算数の授業で与えられる典型的な問題は、指標として示した内容をうまくやれている授業の問題とどのように違うのでしょうか。典型的な授業では、教師が生徒に公式を与え、いくつかの似た問題をモデルにしたうえで、生徒には教師から教えられたり見せられたりしたことを練習する時間を与えます。一方、七つの指標として示した内容をうまくやれている授業では、生徒には面積の概念を扱う、次のような問題が提示されます。

14インチ（1インチは2・54センチ）のLサイズのピザを10ドルで買うのと、10インチのMサイズのピザを2枚10ドルで買うのとでは、どちらがお得ですか？　さらに問題を拡張します。あなたがクラスト（ピザの外側1インチ）を食べないとした場合も、どちらがお得かという答えは同じままですか？　説明してください。

この問題の解答にたどりついたとしても、生徒には面積に関する他の問題を解く練習は必要です。しかし、ここで示された問題は、生徒が単に面積を求めるだけでなく、解決の道筋を考え、どの選択肢がよりよいかを比較しなければならないという点がポイントです。このようなタイプの問題例としては他にも、教師が生徒にさまざまなサイズの部屋の間取り図を与え、幅8フィート（1フィートは約30センチ）のロール状になっているカーペットを敷き詰めるのに必要な量や、カーペットの継ぎ目を一番少なくする手立て、敷き詰めるのに最もコストがかからなくする

注6　これは、日本の平成29・30年版学習指導要領で強く打ち出されている内容と重なるものといえるでしょう。

手立てを求めるなどがあげられます。

こうした問題解決は算数・数学だけのものと思われがちですが、すべての教科・領域で行われています。作家、歴史家、科学者などを考えてみてください。たとえば作家は、250字という制限のなかで、いかに説得力のある主張を提示するかを決定しなければならないことがあるでしょう。歴史家は、歴史上の偉大な人物がどのようにして権力を獲得し、支持を得ていったかを分析することがあるでしょう。科学者は、「危険な化学物質を100万分の1に希釈したら、飲んでも安全である」とアメリカ合衆国環境保護庁（EPA）が判断したことを前提に、55ガロン（1ガロンは3.79リットル）の化学物質が湖に流出した場合、その化学物質を比較的無害な状態にするためには何ガロンの水が必要かを計算しなければならないことがあるでしょう。

チェックポイント

☑今後の授業では、生徒が複雑な「開いた質問」に取り組む機会をどのように与えますか？

現実世界の問題に対しては、多くの視点からさまざまな解決策が考えられます。私は、たとえば生徒や親からある状況を聞かされたとき、関係者全員からできるだけ多くの情報を集めることが大事だと学んできました。すべての人の説明には、それぞれある程度の真実が含まれているでしょう。しかし、それぞれの視点に、ある程度の主観が含まれているのも必然的なことです。たとえば、誰かの所にいたある生徒が、その場を立ち去るときに振り返った理由を考えると、次のようなさまざまな推測が可能です。

（1）動揺していたので、相手に冷たくあたりたくなって振り向いて立ち去った。
（2）誰かが自分の名前を呼ぶ声が聞こえたので振り向いた。
（3）前回の授業があった場所に宿題を忘れてきたことを思い出したので取りに帰った。

もしかすると、立ち去った生徒はよりよいコミュニケーションを望んでいたのかもしれません。このように、同じことを観察していても、他の視点を入れることで、多くの反応や認識を得られることがあります。その場から生徒に立ち去られた人は、次のような感情や反応をした可能性があるでしょう。

（1）気分を害した。
（2）その生徒が他の人に気を取られているのを確認した。
（3）その生徒が早く何かを取りに行かなければならないということに気づき、状況を理解した。

多くの場合、すべての情報を得られないことの方が多く、状況を正確に把握することは難しいことなのです。

学習も似たようなものです。たとえば、歴史は多くの場合、男性の視点、移民の視点、指導者の視点、教師の視点からものごとを提示します。ビジネスパーソン、地域住民、奴隷、女性などの視点を考慮することはほとんどなく、複数の視点に立つということがありません。歴史的なできごとをただ一つの視点から研究すると、そのできごとの豊かさが失われ、その情報が不正確になったり、誤解を招く可能性が高くなったりすることがあります。そのため、生徒が複数の視点からそのできごとを学ぶことが重要となってくるのです。[注7] 理科では、仮説を何度も検証することで、出た結果の信頼性、正確性、妥当性を確認し、条件を拡張することでその結果が他の状況にも一般化できるかどうかを確認できます。[注8] 文学的文章の指導では、文学作品のさまざまな解釈を探ることができます。説明的文章の指導では、さまざまな視点から文章を書くことができます。[注9] いずれの場合も、学習は多くのピースからなるパズルのようなもので、それぞれがより大きな学び全体に貢献しているのです。

チェックポイント

☑ 今週のあなたの授業で、生徒が複数の視点や代替可能な案を考える機会があるのはいつですか？

教師には、極めて教師中心のものから極めて生徒中心のものまで、指導のためのツールや方法がたくさんあります。生徒のモチベーションと夢中で取り組むレベルを向上したいのであれば、「生徒中心の学習」をすることが好ましいといえます。生徒中心の学習の核にあるのは、教師が全体に説明をしたり公式を提示したりする前に、生徒がそのテーマを探究し、夢中で取り組めるような状況をつくる必要があるという考え方です。これは指導の中心が、探究であっても、プロジェクトであっても、プロブレム（問題）であっても当てはまります。(注10)

「伝える」役割としての教師から「進行役（ファシリテーター）」としての教師に切り替えるには、教室の文化を変化させることが必要です。決して指導方法だけを変えればよいということではないことに注意してください。教師が即座に、生徒に学習内容のすべてを伝える授業から生徒たちに何を考えているのか尋ねる授業に転換すると、葛藤、抵抗、そしておそらく怒りさえも抱

注7　この点を含めて歴史を学ぶ大切な視点を提示してくれている本が『歴史をする』ですので参考にしてください。

注8　科学的思考を磨くためには『だれもが科学者になれる！』がおすすめです。

注9　国語では『理解するってどういうこと？』をはじめ、「作家の時間」と「読書家の時間」関連の本がおすすめです。

注10　探究には『歴史をする』や『社会科ワークショップ』、『だれもが科学者になれる！』、『教科書では学べない数学的思考』が、プロジェクトには『プロジェクト学習とは』が、プロブレムには『ＰＢＬ――学びの可能性をひらく授業づくり』が参考になります。

かせることになるでしょう。それはなぜでしょうか。教師が新しいルールブックを生徒と共有せずに、ルールを変えてしまったからです。教師が生徒とともにより魅力的な探究の授業へ転換することを目指すうえで、役立つ資料や情報は世のなかにたくさんあります(注11)［参考文献26］。

教師がガイドする探究の指導を成功させるうえで、二つの重要な要素があります。

一つ目は、指導や活動の提示方法に関する考え方のほとんどを変えることです(注12)。教師が学習する内容やスキルを伝えることで指導や活動の具体を知るのではなく、生徒が実際にやってみたり、探究したりすることを通じて、生徒自身が概念の要約や意味づけ、全体への説明を行えるようにするのです。

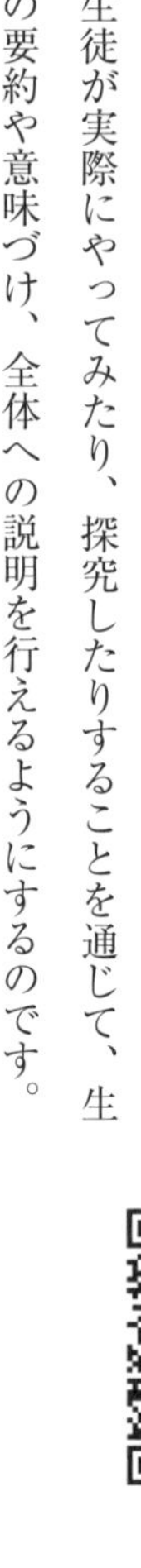

QRコード1

QRコード2

二つ目の要素は、学級経営上のことです。生徒が話したり、質問したり、探究したりすることを抑制するのではなく、生徒を励ますような関わり方に変えることです。探究の指導など生徒中心の学習方法は、教師にとって簡単な選択肢とはいえないでしょう。しかし、うまく行われた場合、その価値はかなり大きなものになります。これを裏づけるために、スタンフォード大学のパウロ・ブリクスタインは、生徒の探究活動が、テキストやビデオを見るよりも前に行われた場合、そのパフォーマンスが25パーセント向上したという対照研究の結果を報告しています［参考文献15]。さらには効果的な探究の指導が典型的な指導に比べて、(性別、人種、能力レベルごとに)テストされたすべてのグループにおいて、より高い習熟レベルに到達するとの結果が示されています[参考文献27]。

チェックポイント

☑ 教師が全体に説明をする前に、生徒が概念を探究できるよう、教師主導でなされるこれまでの典型的な指導の順序をどのように入れ替えますか?

注11 教師の役割の転換についてですが、「伝える」「進行役」という役割に加わる、最も大切な役割が本書では紹介されていません。それは「コーチ」という役割です。詳しくは、http://projectbetterschool.blogspot.com/2015/03/blog-post.html(本文中QRコード1)と https://projectbetterschool.blogspot.com/search?q=%E3%82%B3%E3%83%BC%E3%83%81(本文中QRコード2)を参照してください。教師がコーチ役を担えるようにならないと、教育が根本のレベルで変わることはないかもしれません。

注12 この教師の果たすべき「コーチ」としての役割については、『プロジェクト学習とは』の第7章、『PBL――学びの可能性をひらく授業づくり』の第6章や、『リーディング・ワークショップ』の第6章を参照してください。

指標⑥の習得に向けたアクション

あなたの現状について振り返り、それを踏まえて次のステップに進むために、指標⑥の中心的な概念に対応した、次のアクションを実践してみてください。

アクション――学習への「砂時計」のアプローチで創造的な思考を促す

学習テーマが、ニュートンの運動法則、第二次世界大戦、説明文、ピタゴラスの定理などのようなものであっても、教師はたいていその情報を提供してから、それを応用して練習する時間を生徒に与えます。しかし、今日は細胞分裂について学び、細胞分裂の各段階を覚え、その段階ごとの細胞の姿が映されたいくつかのスライドを見るのだと知って、その授業に好奇心と興奮を感じる子どもや大人はいるでしょうか。その可能性は低いといわざるを得ません。むしろ、学校でも日々の暮らしのなかでも、情報、物語、矛盾、あるいはもっと知りたくなるような要素があれば、大半の人はそこに好奇心を向けることができます。たとえば、一つの接合体（精子と卵子）から、どのようにして人間のように複雑なものができるのかを学ぶのは非常に魅力的であり、あらゆる種類の疑問を生み出すことでしょう。

ラジオ放送をしていたポール・ハーヴィー(注13)が２００９年に亡くなる前、私は彼の番組「ザ・レスト・オブ・ザ・ストーリー」に魅了されていました。(注14) この番組は、彼が有名な人物やできごと、モノの背景を語ることからはじまります。しかし、それが何の背景なのかは明かされません。番組の途中でその「謎」を解き明かすことができることも多いのですが、ハーヴィー自身は最後の最後まで、その人物やできごと、モノが何なのかを番組で語ることはありませんでした。彼の語り口はまさに漏斗(ろうと)のようでした。最初は多くの詳細情報や背景情報の断片からはじまり、最後の狭い開口部にたどり着くまでの間、側面を流れながら下っていくのです。

これこそがよい「謎」の仕組みであり、科学の仕組みであり、効果的で魅力的な学習の仕組みなのです。もし、授業で生徒の創造性や革新性をいかすことがあなたの目標であるならば、法則の発見、話の流れの完全な理解、歴史的なできごとの理解だけで終わらせてはいけません。むしろ、「だから何なのか?」「今どうなっているのか?」「今何ができるのか?」という問いかけをしながら、さらに先へと進んでいくようにしましょう。学習は「砂時計」のようなものです。生徒の思考を明確な結論や焦点を絞った考え、あるいは考えたことを実際に試すことに集中できるようにし、その後、生徒にそれを適用したり、一般化したり、何らかの方法で改善したりするよ

注13 Paul Harvey、1918—2009。アメリカの俳優・アナウンサーです。
注14「paul arvey the rest of the story youtube」で検索すると、実際に聞くことができます。

うに求めることで、一人ひとりの理解を広げていくのです。

チェックポイント

- ☑ あなたが語ることのできる、生徒が自分の周りの世界やできごとに疑問を抱けるようなストーリーは何ですか？
- ☑ あとになってようやく学ぶ目的や価値がわかったり、時間ができたときにだけその情報が与えられたりするというのではなく、それが最初からわかっているように、学習の手順を逆さまにするにはどうしたらよいですか？

アクション――好奇心と創造性を育む「フェデックス・デー」(注15)を企画する

生徒が興味をもったことについて考えたり、本を読んだり、実験したりする時間を与え、その探究の過程で発見したことを全体に共有する一日を「フェデックス・デー」と銘打って企画するのも、生徒の創造的な思考と行動を促す方法の一つです。このアイディアは、オーストラリアのソフトウェア会社の共同設立者であるマイク・キャノン・ブルークスが発案したもので、『モチベーション3・0　持続する「やる気！（ドライブ！）」をいかに引き出すか』ダニエル・ピンク著　大前研一訳、講談社、2010年［参考文献41］でも紹介されています。キャノン・ブルークスの会社の従業員は定期的に、24時間好きなプロジェクトに取り組む時間を与えられ、その成果を翌日「納品」します。教室の状況に置き換えてみると、生徒は最初、自分のアイディアを自由に探究できるということに苦労するかもしれません。しかし、創造的な努力を追求することでモチベーションを高め、夢中で学習に取り組める機会を設けることができるのです。まず、授業の最初の5分間で、生徒たちに探究すべき疑問をブレインストーミングするよう促して、そこで出てきたことに自由に取り組んでもらうことからはじめてください。この取り組みの目的は、生徒が決められていない方法でものごとを追求し、実験・探究・発見する機会をつくることです。まずは学期に一度、「フェデックス・デー」を開催し、年が進むにつれて頻度を増やしていくとよいでしょう(注16)。

心理学者のエリス・ポール・トーランスは、創造性を測るテストを開発し、独創性や精巧さなど五つの領域(他の領域は、流暢さ、タイトルの抽象性、試みを早くやめてしまうことへの抵抗力)で創造性を採点しました[参考文献51]。生徒が機敏で柔軟な思考力を身につけようとするとき、

注15　アメリカで設立された世界最大手の物流サービス会社です。
注16　『教育のプロがすすめるイノベーション』のなかでは、これを教育に応用した事例が紹介されていますので、参考にしてください。

語彙が増え、内容の知識が増え、能力が身につくまでは、独創性がとくに課題となります。ペイパルの共同創設者であるピーター・ティールも、真の独創性を実現するのは難しいということに同意するでしょう。彼は著書［参考文献48］のなかで、真のイノベーションとは「0から1へ」というう、新しい特異なものを生み出すことだと主張しています。しかし、今日革新的とされるものの多くは、「1からnへ」というように、既存のアイディアの修正やスケールアップに過ぎないものとなっています。生徒の能力のうち、「1からnへ」という今あるものの質を向上させることは、文章を書くスキルを向上させたり、結論を出したり、データを使って作業をしたり、歴史的な事実を整理したりする際に役立ちます。「創造性」のうち、トーランスが用いた枠組みのどの領域に焦点を当てるかよりも、期待される答えを生徒に気にさせないように意識することの方がよほど重要です。答えが通常一つの単語である場合や正解の形が決まっている場合は、より重要といえます。

チェックポイント

☑ あなたの授業で生徒たちは、いつ、どこで創造性を発揮する機会がありますか？

☑「フェデックス・デー」を実施したとしたら、創造性を発揮しようとする生徒の手本となるようなものは何ですか？

☑生徒にリスクを冒すように指示するとき、あなたがリスクを冒している姿を生徒が見たら、生徒たちからの信頼度が格段に上がることを覚えておいてください。

アクション――生徒が「開いた質問」に取り組むことで、リスクを認識したうえでそれに立ち向かう

「え？　リスクを認識したうえでそれに立ち向かうだって？」とあなたは思ったのではないでしょうか。私たちは、生徒がなんでもかんでもリスクを冒すことを望んでいるわけではありません。しかし、大切なポイントは、単に教師の真似をするだけではなく、挑戦的な質問や複雑なシナリオ、一般的な好奇心に対して代わりの案を考え、実際に行動し、答えることができるように生徒を励ますことです。

先に、現実世界の問題を教室にもち込むことの大切さについて述べました。この点は、ここでも関連しています。生徒が開いた質問の解決策を模索できるようにするため、教師自身の専門分野と関連させることができる、世界的または地域社会の重要な問題に取り組むことを検討してみましょう。例としては、水資源の問題、人口減少に直面した場合の持続可能な開発、すべての人への教育機会の提供、貧富の差の拡大の問題などがあげられます。(注17) ミレニアム・プロジェ

クト【QRコード参照】には、生徒との会話をはじめる際に使えるすばらしいシナリオがたくさん用意されており、さまざまな授業で活用することができます。たとえば社会科では、過去と現在の社会が、どのようにこれらの問題に対処してきたか、そして将来の社会がどのように対処するべきなのかを探ることができます。また、数学の授業では、傾向、指数関数的な成長（または衰退）、複雑な問題を解決するために必要な、財政的な費用などを調べることができます。

もし、地球規模の課題に取り組むことが、手はじめとしては難しすぎると思った場合は、その代わりに次のようなことを考えてみましょう。それは生徒に「明日の課題は、今勉強しているユニットに関連した疑問や好奇心を授業にもち込むことです」と伝えることです。このやり方は、生徒の興味と学習とを結びつけ、学習経験をより生徒とつながりのあるものにします。生徒は最初、課題が難しいと感じるかもしれませんが、他の人の例を見るうちにできるようになるはずです。

チェックポイント

☑どのようにすれば、生徒が学習内容に関連する現実世界についての疑問を、授業にもち込むことができますか？

☑現実世界と生徒の経験をより効果的に結びつけるにはどのようにすればよいですか？

☑ 学習内容と現実世界との関連づけが難しい場合、どのような資料を参照するとよいですか？

アクション——複数の見方を提供する

生徒にシナリオやケーススタディ、プロブレム学習やプロジェクト学習といった学習体験を提供するとき、私たちは複数の見方や解決策を提供する機会を設けるようにしています。学習が、事実を述べること（「2×2＝4」ということや、アメリカには50の州があるということ、「with」は前置詞であるということなど）であれば、複数の見方や解決策は必要ないですし、そもそもそのようなことをするのは不可能です。しかし、学校や人生における意味のある質問や経験の多くは、絶対的なものではなく、グーグル検索をするだけでは対処できないものです。たとえば、法医学の授業での事例研究などでは、複数の解決策を導き出しても、どちらの策も否定できないことがあるもしれません。

ケーススタディや豊富な問題を含むグループでの優れたプロジェクトでは、バランスを取ることが必要です。すなわち、プロジェクトを進める際は、誰一人の生徒も必要とされないことはな

注17　ここにあげられているものは、国連が2015年に総会で採択した17の目標と169のターゲット項目によって構成されている、SDGs（持続可能な開発目標）と関連させているものと捉えられます。

く、多くの生徒の努力を必要とするものになるはずだからです。よい協働がなされるプロジェクトでは、生徒は「自分たちのアイディア」は、常に「私だけのアイディア」よりも優れているということに気づくべきです。

チェックポイント

- ☑今日の授業のなかに、複数の解答の方法がある複雑な問題を組み込むとすれば、どのようにすることができますか？
- ☑生徒がプロジェクト学習、プロブレム学習、または探究学習に取り組んでいるとき、学ぶべき学習内容の深さが担保されていることを確認するにはどうしたらよいですか？

アクション――説明する前に探究することを促す。オチは最後に残しておく

もしあなたが、大多数の教師と同じであるならば、あなたが何十年も前から当たり前に行ってきた指導方法が、時代遅れなものになっている可能性があります。大多数の教師がしてしまっているのは、「まず教えたあとで、生徒にその知識をもう一度説明してもらったり、それを使って練習問題を解いてもらったりしてもらう」というような指導です。具体的に、光合成、スペイン・アメリカ戦争、前置詞、比例などを生徒に教えてから、その知識を文章や問題集のなかで使って

もらうようなもののことです。

この方法は、過去には効果があったかもしれませんし、その時代の目標には適していたかもしれません。しかし、今日の生徒の新しいニーズに対応するうえでは効果がありません（さらにいえば、それはただの退屈しのぎでしかありません）。現代においては、生徒はアイディアを分析し、複雑な現象をモデル化し、証拠に基づいた議論をつくることがスタンダードで求められているため、教師が全体に説明を行うよりも前に、生徒が自分でアイディアを探究する必要があるのです。

この変化は、「教え方」と「教える目的」を再考することの必要性を示しています。現在の教え方は、まるでジョークの前にオチを伝えるようなことを前提としています。これは漫談には通用しませんし、深い思考を必要とする堅実な指導にも通用しません。生徒に解決策を示す前に、新しい問題と格闘することを促すと、より多くの学びが生まれます。具体的には、教師が説明する前に生徒に探究心をもたせることで、生徒が学習し、創造性を発揮し、深く考える必要性が生まれるのです。

チェックポイント

☑あなたが主要な概念を説明する前に、その概念について生徒が探究できるように提供した機会のうち、最近のものを三つあげろと言われたら、それは何ですか？

☑どのようにしたら、このやり方を「特別なこと」ではなく、「いつもどおりのこと」にできますか？

☑定期的にこのやり方を行う場合、どのようにして生徒の探究を深めることができますか？

☑教師が説明するよりも先に、生徒が探究できるように、教師の考え方を変えるためにはどうしたらよいですか？

第7章

指標⑦:
指導と学習をガイドするモニタリング、評価、フィードバックを行う

Teacher Highly Effective

TIP 7:
Monitoring, Assessment, and Feedback That Guide and Inform Instruction and Learning

おそらく教育の分野のなかで、教師、管理職、生徒にとって最もストレスが大きなものは、ハイ・ステイクスな評価や教員人事評価をめぐる問題でしょう。ハイ・ステイクスなテスト【201ページの注2を参照】の準備とその実施には、膨大な時間が費やされています。現在、アメリカの多くの州では、教師の人事評価の大部分は、指導した生徒の主な学力調査の結果によって決定されています。学校や教育委員会はこれらの評価に基づいて、よい学校であるかどうか、あるいは学校間競争で生き残れるかどうか、周囲から判断されます。(注1)

本書は、現在の州や連邦政府の義務を擁護したり、それに反対したりすることを目的としたものではありません。そうではなく、ハイ・ステイクスなテストが行われていないときに、教師やリーダーの教室での営みの改善を支援しようとするものです。はっきりさせておきたいのは、州のテストを含む主要な総括的評価は、教育や学習のあり方を大きく改善するものではないということです。そのような総括的評価の目的は、生徒個人やその生徒の学年が、測定可能な目標にどれだけ近づいたのかを「その時点のみにおいて」評価することであって、今日明日の指導や学習のあり方に示唆を与えることではありません。

それに対して、学習に関連した評価には、基本的にGPSを使ったスマートフォンの地図アプリのような、三つの主要な要素があります。(1)出発点、(2)最適なルート(場合によっては、オプションのルートを選択できることもあります)、(3)最終目的地です。診断的評価は学習者の出発点を特定するのに役立ちます。形成的評価は「旅」の部分に当たる学習に情報を提供してくれて、それが指導を構想したり修正したりするのにも役立ちます。最後に総括的評価ですが、これをすることで最終目的地に到達するまでの相対的な成功の度合いを知ることができます。総括的評価は（次の年度における指導についての情報を提供するという意味で）有益な情報を提供してくれます。その目的は「何が起こったのか」「何が起こっていないのか」を確認することです。生徒が総括的評価を受けた時点で、基本的に学習は終了しており、その焦点は学習ではなく得点や成績に移っています。

生徒の学習効果を大きく高めるためには、日々の指導のなかで行われる、診断的評価と形成的評価に焦点を当てる必要があります。継続的な診断的・形成的評価に支えられた指導や学習が、1年を通してしっかりと行われるようになれば、総括的評価で測られるようなパフォーマンス（とテスト）は、ひとりでによいものになっていくでしょう。学んだことの評価（総括的評価）ではなく、学ぶための評価（形成的評価）に焦点の向きを変えることで、最終的なテストに向け

注1　このような問題は、アメリカに限った話ではありません。日本でもたとえば大阪市で近年、全国学力・学習状況調査（あるいは府・市が独自に行うテスト）の結果を校長や教員の人事評価に反映させる制度の導入が検討されてきています。

た復習やその指導に多くのエネルギーを割く必要性がなくなり、生徒も教師も「目の前の」学習に集中できるようになるでしょう。

自分の教えている生徒の期末試験（総括的テスト）のパフォーマンスに（ほとんど悪い結果に）驚く教師が多いということに、私はいつもびっくりしています。総括的テストは、学んだことを確認するテストであって、くじ引きのように予想外な結果が出るものではありません。このような例において、教師が感じている驚きは通常、次の二つのうちいずれかが原因となっています。

(1) 生徒が何を知っていて、何ができるのかを把握するための形成的評価を学習の途中で十分にしなかった。

(2) テストが生徒の学んだことを測るものではなかった。

時に生徒は、実際のテストで測っているものとはまったく異なる形で（たとえば、異なる語彙を使用して）スキルや内容を学習することもあるでしょう。これは、教師が授業を展開した後に市販のテストを行う場合や、生徒が実験をした後に知識を整理するような学習支援をせずに伝統的なテストを行う場合、授業が主に低次の思考（思い出す、定義する、リスト化する）を対象に行われているのに高次の思考（比較する、モデル化する、分析する）を中心にテストを行う場合などに起こることかもしれません。こうした経験は、たとえばコーチが選手たちと1週間、バスケットボールの技術を練習（日々の指導）したのに、バレーボールの試合に出場する（総括的なテスト）のと何ら変わりません。生徒たちはテストを受ける前に、それに直接関係する能力を伸ばしたり、身につけたりしていたわけではないのです。

８００本以上の研究を整理したハッティの論文では、次に示す二つの指導法が効果的に実施された場合、生徒の学力向上に強い効果があることが繰り返し述べられています［参考文献18］。

（1）生徒に具体的で有意義なフィードバックを提供すること。
（2）日々の授業のなかに、定期的に形成的評価を組み込むこと。

これらの結果は、表面的には生徒たちがテストの多さで「評価疲れ」の兆候を見せているにもかかわらず、より多くの評価が必要であると示唆しているようにも見えます。しかし、生徒へのフィードバックが学習の支援となるような形で適切に使用され、形成的評価が指導と学習のあり方のガイドとなるように使用されたとしたら、私たちは生徒の成功を最大化するために指導を修正することができるのです。

役に立たない慣習の一つに、生徒が再テストを受けられるようにする傾向が一般化していることがあげられます。これをすると、1時間目がはじまる前や休み時間、放課後などに、かなりの時間が奪われてしまいます。再テストがたくさん作成されていたり、多くの生徒が受けることになっていたりする場合は、中心的な問題を見逃しているように思われます。生徒はそもそも、テストやクイズ、期末試験などを受ける準備ができていなかったのですから、再テストをしたとしても、それははるかに大きな問題の応急処置をしただけにしかなりません。

正直に言いましょう。たとえ「最高のテスト」と呼ばれるものがあったとしても、それでさえ完璧なものではありません。完璧な評価を行うことが難しいからこそ、多様性を提供し、行った評価の質を継続的に再評価し、修正していくことが重要なのです。私は教職に就いた年、「生徒が自分で獲得した成績がすべてだ」と固く信じていました。そのときは、たとえば100パーセント中89・2パーセントの得点を得た生徒は、「B評価」としていました（90・0パーセント以上の得点を獲得した生徒が「A評価」とされていた時代のことです）。その結果、生徒はより多くの得点を獲得するために、補習授業を受ける機会を得ていました。しかし私は、授業の目標設定と到達度を測定する際に行っていた評価を振り返ったり、一般的になされている評価の正確さや不正確さについて学んだりするうちに、「どんなに優れた評価方法でも、プラスマイナス1パーセント（またはそれに近い数字）のレベルまでは、正確に導き出すことができない」ということに気づきました。

このように謙虚にならざるを得ない現実を認識したことで、私は自分のクラスでの成績のつけ方や評価の仕方を考え直すことにしました。この気づきから生まれた謙虚さは、主要なスタンダードテスト（ACT、SAT、NAEPなど【日本でいうと入試です。全国レベルや自治体レベルの学力調査（テスト）も含まれるでしょう】）の項目作成には、問題となる題材・素材の執筆、試験的な実施、検証などの時間を含めて約2年もかかっていることを知って、さらに増していきました。2年という時間はあまりにも長すぎます。生徒がどれだけ学習内容を身につけているのか、理解しているのかなどということを確実に知ることはできない、と言いたくなるかもしれません。

指標⑦では、主として次に示す二つの問いに焦点を当てています。

(1) あなたの評価は、生徒の学習をどの程度測定し、サポートしていますか？（学習をガイドするフィードバック）
(2) あなたの授業やユニットの目標に対する生徒の到達度や成長について、形成的評価はどのようなことを教えてくれますか？（形成的評価）

学習をガイドするフィードバック

指導している間に評価を行い、生徒にフィードバックを提供することは、レゴをしているときに自分の進み具合を頻繁にチェックすることに似ています。

・学習の支援には、知識を組み立てる方法（レゴでいう、どのようなパーツを使えばよいか）を理解することが含まれている。

・形成的評価は、目標と目的が達成されていることを確認するために、作成している成果物（つくっている建物）を継続的に再評価するものである。

・フィードバックは、誤って配置されているパーツがあったり、残されている部分や目標があったりするときに、生徒をガイドするような支援を提供する。

・振り返り／授業のまとめは、部分的な成果物（個々のパーツ）だけでなく、完成した成果物（全体像）を見ることで、学習の実態を理解するのに役立てる。

私たちが生徒に行うフィードバックは、指標⑤（対話的で、よく考えることを大切にした、意味のある学びをつくる）など、他の指標と関連している必要があります。生徒はどのようにフィードバックを受け取り、それに応えるのでしょうか。それを考えるうえで、どのように問い

指標⑦：指導と学習をガイドするモニタリング、評価、フィードバックを行う

評価	1 改善する必要がある	3 うまくやれている	5 模範的である
学習をガイドするフィードバック（⑦a）	生徒の学習をガイドし、支援するためのフィードバックを提供する。		
	教師のフィードバックが不足していたり、効果がなさそうで漠然としていたりする。	教師は頻繁に、具体的で焦点を絞ったフィードバックを提供している。	教師は（必要に応じて生徒同士も）、目的に直接関連しているような、焦点を絞ったフィードバックを一貫して提供している。
	教師からのフィードバックは、たまにあるか、まったくないかのどちらかであり、もしあっても正誤（正しい・間違っている）程度のものである。	教師は、学習の支援となるフィードバックを頻繁に提供している。	「3　うまくやれている」の内容に加え、教師によるフィードバックは生徒が最も必要とするタイミングで与えられている。
形成的評価（⑦b）	形成的評価のデータに基づいて指導を調整する。		
	形成的評価は、個々の生徒に対する質問以外にはっきりとしたものがない。	授業中に、すべての生徒を対象とした多くの形成的評価が行われており、そのデータは指導を決定・修正する指針となっている。	「3　うまくやれている」の内容に加えて、学習は形成的な評価で得たデータに基づいて、「一人ひとりをいかす」形になっており、生徒は日常的に自己評価を行い、自分の学習をモニタリングしている。
	事前知識は評価されない。	事前知識は授業の最初に評価され、スタンダードに示されている能力や知識、また学習内容に関連する誤解を特定している。	生徒の事前知識や誤った概念は明らかにされ、生徒がそれらを修正したり、教師がユニットの学習を進めるのに必要な指導を把握したり、ガイドしたりするものとして、明確に活用されている。
	授業の振り返りやまとめの時間が確保されていない。	授業の振り返りやまとめの時間が取られており、何人かの生徒からさらなる情報を収集し、次の段階に必要な指導を導いている。	「3　うまくやれている」の内容に加えて、生徒の理解度を追跡調査するために、生徒全員からデータを収集している。

出典：[参考文献 28]

かけて対話という相互作用を導き、どのような教室の文化をつくりあげていくかが非常に重要です。もし、生徒がフィードバックを与えてくれる人をリスペクトしなければ、それは有益なものではなくなるどころか、学習するうえで有害なものとなってしまいます。学習上の有効性と有用性を高めていくために、フィードバックには次のような質が担保されていなければなりません［参考文献45、47］。

・具体性　述べていることが正しいだけではなく、「何を」「どのように」「なぜ」を詳細に述べている。
・明快さ　シンプルでわかりやすく、どこに長所や短所があるのかが詳細に示されている。
・扱いやすさ　情報を与えすぎて、相手に認知的負荷をかけすぎないようにしている。
・タイミングのよさ　課題や問題に取り組んだ後、できるだけ早く提供している。
・価値がある　クラスメイトや教師からのフィードバックを受け入れることが奨励され、尊重される文化がある。

さらにフィードバックは、生徒が自分の知っていることや知らないことを理解し、今の自分の能力をどのように成長させる必要があるのかを理解できるように、メタ認知や自己調整（注2）を促進する必要があります。もし、教師の質問がほとんど表面的で低レベルなものであれば、そのフィードバックは正しいかどうかの確認や反論（「はい」「いいえ」「すばらしい」）程度のものにしかならないため、有意義なフィードバックとなることはほぼないでしょう。

重要なのは、あなたが生徒に有意義なフィードバックを提供できる機会を設けることであり、それによってすべての生徒の文章表現や口頭での表現が改善されることになるのです。フィードバックは、「こうした方がいいよ」といった単純なレベルの発言を超えたものでなければなりません。教師やクラスメイトからの効果的な質問は、生徒が自分の作品をより深く考えるよう促してくれます。そのような質問とは「この文章であなたの考えをより明確に主張するには、どう改善したらよいですか？」「あなたの考えはどう変わりましたか？」「あなたの主張を裏づけることのできる例を他に示すことができますか？」「その主張は、どのような証拠に基づいていますか？」「これは目標とどのように関係していますか？」というようなものです。学びが起こるためには、ある種の緊張と、[注3]「知りたい」「理解したい」という気持ちが必要です。これはピアジェ

注2　今自分は何に困難を感じているのかを理解（メタ認知）したうえで、それをどうすれば解決・改善できるかを意識的に考え、実践することです。

注3　ここで述べられている「緊張」は、自分の現状の知識ではわからないという「葛藤」のことだとイメージするとよいでしょう。

が「不均衡」と呼んだものです（これを「認知的不協和」と呼ぶこともあります）。名称は何でもかまいませんが、フィードバックは生徒が現状の学習活動や思考、アイディアから、次のより高度なパフォーマンスの段階に移ることを促すうえで、必要な原動力となってくれます。

チェックポイント

- ☑今日の授業であなたが提供した、明快で、具体的で、価値のあるフィードバックの例はどのようなものですか？
- ☑それがあなた、または生徒にとって価値のあるものであったという証拠は何ですか？

いろいろな意味で、学習とは階段を上るようなものであり、その一段一段が、新たな理解のレベルを示しています。階段には、段差が高くて足をのせる幅も狭いものもあれば、その逆のものもあります。また、私たちの自然な歩幅に合ったものもあれば、歩幅を調節しなければならないものもあります。さらに、階段を一段ずつ上る人もいれば、一度に二段も三段も上ってしまう人もいるでしょう。

このように、階段と学習を似たものとして考えはじめたのは、指標⑥で触れたヴィゴツキーの「発達の最近接領域」が提唱された時代にまでさかのぼります［参考文献52］。この「発達の最近接領域」とは、「一人でできることと、他の誰かの助けを借りてできることとの間にある領域」と考えることができます。効果的な指導とは、生徒が一人でできる以上のことへの挑戦を求めることです。この「以上のこと」という言葉が鍵を握っています。「生徒が一人でできること」から「他の誰かの助けを借りてできること」への階段の段差、足をのせる幅の大きさは、生徒によって異なります。そのため、一人ひとりに提供される支援は、各生徒に最も適切になるような「チャレンジのレベル」を調整するための重要な手立てとなります。診断的評価と形成的評価のどちらもが、必要とされる支援の量や程度を特定するのに役立ちます。同じレベルの支援であっても、退屈だと感じる生徒もいれば、圧倒されてしまう生徒もいるかもしれません。「一人ひとりをいかす学び方」の支援【「足場かけ」ともいいます】の例としては、次に示すようなものがあります。

・読むのが苦手な生徒のために、読む前に重要なアイディアを強調したり教えたりする。
・生徒やグループの思考と学習の障害となっている問題を解決するために、指針となるような、的をしぼった質問をする。
・思考がうまくできない生徒をガイドするために、既有の知識や前時までの授業内容をおさらいする。
・同じ難易度、同じ形式の例題に生徒と一緒に取り組んだ後、元の問題を生徒に解いてもらう。

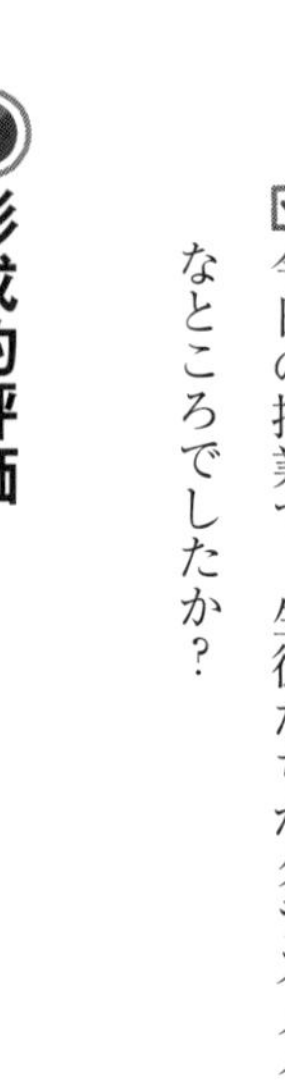

チェックポイント

☑今日の授業で、生徒たちがクラスメイトやあなたからのフィードバックで助けられたのはどんなところでしたか？

形成的評価

形成的評価が生徒との日常の関わりのなかで頻繁かつ効果的に行われると、生徒の成績は向上するということが、これまでの研究によって明らかにされてきました［参考文献7］(注4)。これは、形成的評価によって、生徒が何を知っていて、何ができるのかを継続的に知ることができると同時に、総括的評価を行う前に、生徒のニーズに基づいて指導を調整することができるという理由から、導きだされた結果です。教師は生徒が学習活動をしたり、有益と思われる詳細な講義を受けたりしただけで、生徒が「理解した」と思い込んでしまうことが多々あります。形成的評価は、私たちがそういった「思い込み」をしてしまわないように情報を提供し、指導を調整するのに必要な証拠を収集するのに役立ちます。

効果的な形成的評価には、二つの主要な要素が共通して存在します。

(1) すべての学習者からデータが収集されている。
(2) 教師は、そのデータの結果に基づいて指導を調整している。

一般的に、クラスでの話し合いがなされているときに生徒一人ひとりに質問をすることが、形成的評価のよい方法だと思われています。そのような話し合いは、たしかに有益かもしれませんが、すべての生徒に質問をするまでは、それを形成的評価とみなすことはできません。

形成的評価の例としては、成績に入らない小テストなど形成的に行う調査、「「個別で考え―ペアで共有し―クラスに紹介する」(Think-pair-share)」という方法【第5章178ページを参照】、ジグソー学習(個人が「専門家」グループの一員となって情報を手に入れ、そのあとでそれらの情報を「ホーム」グループと共有する)、五本指(理解度の迅速な自己評価)、即時応答システム(クリッカー)、出口チケット[注5]、自己評価などがあります。形成的評価の方法のなかでも、

注4 この研究を紹介している本に『テストだけでは測れない!』があります。

注5 授業の最後の数分を使って、生徒が小さな紙(A4サイズの8分の1、大きくても4分の1ぐらいの大きさ)に、教師からの質問に対する回答を書きます。書き終わった生徒から、チケット代わりにそれを提出して教室を出られるという仕組みになっています。形成的評価のとても効果的な方法の一つです。

私は次の二つの評価方法が最も有益で、すぐに実行できるものだと思っています。

まず一つ目の方法です。はじめに、生徒全員がシンプルなカードを渡されます。カードは、片面の両端に「A」と「B」、もう片面の両端に「C」と「D」が書かれ、ラミネート加工されています。生徒は、選択肢のなかから一つ選ぶような問題や、「真/偽（真=A、偽=B）」のようにどちらかを示すような問題に対して、正しくない答えを手で隠し、正しい答えだけが見えるように示すことができます。この方法に電池は不要で、故障するリスクもなく、起動時間も必要ありません。加えて安あがりです。

私のもう一つのお気に入りは、ミニホワイトボードを使用する方法です。与えられた質問や問題に対し、それぞれの生徒がボードに答えを書き、掲げるのです。生徒は絵を描いても、文字を書いても、モデルを示しても、質問をしても、それらを組み合わせてもかまいません。

どのような方法を採用したとしても、効果的な形成的評価は成績をつけることにはつながらず、（少数の生徒だけではなく）「全員」から収集され、変化に富んだものになっています。重要なポイントは、学習過程を通して生徒全員から定期的に、意味のあるデータを収集することです。この数字はやや恣意的なものですが、私はすべての教師にそれぞれの授業で少なくとも3回は形成的評価を行ってみてほしいと伝えています。はっきりといえるのは、学習の真の力は、総括的な評価がなされる段階ではなく、形成的な評価がなされる段階で生まれるということです。

チェックポイント

- ☑今日の授業では、どこで生徒全員の形成的評価を行いましたか？
- ☑集めたデータは何を示していて、そのデータはどのようにあなたの指導に役立ちましたか？
- ☑生徒全員の学びの確認（＝形成的評価）を何回ぐらいしましたか？
- ☑集めた形成的評価のデータは、生徒の学びについて何を教えてくれましたか？
- ☑そのデータに基づいて、あなたはどのような判断を下しましたか？

効果的な教育と学習に関する、一見単純に見えるものの最も重要な発言の一つは、おそらくデイヴィッド・オーズベル(注6)の言葉、「学習に影響を与える最も重要な、たった一つの要因は、教師が学習者のすでに知っていることを確認したうえで、それに応じてその生徒を教えることである」というものです[参考文献2]。その意味するところは、新しいアイディアや学習を既有の知識と結びつけ続ける限り、学習に限界はないということです。

教師として、私たちはしばしば、「生徒が何を知っていて何ができるのか」「何に苦戦してい

注6　David Ausubel、1918－2008。アメリカの心理学者です。ここで紹介されている考え方は、日本では「有意味受容学習」と呼ばれています。

るのか」「何をはっきりと理解できていないのか」について、思い込みをしてしまうことがあります。優秀な教師は、そのような思い込みだけにとどまらず、自分の直感を支持したり、反論したりするための証拠を探します。生徒の既有知識を評価するには、生徒全員をチェックする必要があります。話し合いの最中に一人の生徒に質問するだけではなく、すべての生徒に質問をし、その答えがすべての生徒の集合的な知識を示していると想定できるようにします。さらに、診断的評価で生徒の既有知識を収集する場合、その目的は誤解を明確にしたり、修正したり、解決したりすることではありません。むしろ、目的は指導がどこに向かうべきなのか、指導の流れのなかで何を明確にする必要があるのかについての考え方を得ることなのです。

チェックポイント

☑現在行っている授業・ユニットにおいて、すべての生徒の既有知識をどの程度把握していますか？

☑生徒たちは現在、個人として、またクラスとして、どのくらい成長していますか？

キケロからネルソン・マンデラに至るまで、世の優れた演説家たちは、優れたプレゼンテーションには、次に示す三つの重要な要素が含まれているという格言を残しています。

・伝えたいことを伝える。
・とにかく伝える。
・すでに伝えたことを、もう一度伝える。

教師にとっての目標は、単に何かを「伝える」ことではなく、できる限り生徒に学習経験をしてもらうことです。これらの格言を教師向けにアレンジすると、次のようになります。

・明確な目標を提供する。
・学習者を夢中にさせる。
・学習経験で得られたばらばらの要素を統合する。

目標が明確に示されていなかったり、どこにも書かれていなかったりするような教室を見つけるのは困難でしょう。教師は一般的に、この三つのうち一つ目の大切さは心得ています。ただ、生徒が授業の終わりの段階までに「何ができるようになるのか」を明確にしておくことについては、まず向き合う必要のある課題といえるでしょう。二つ目の「学習者を夢中にさせる」については、指標②、④、⑤、⑥など、これまでのいくつかの章で重点的に扱ってきました。

三つ目については、教員研修で扱われることもなく、教室でもそれがはっきりと行われることはほとんどありません。学習活動の最後に、まとめとして「学習者にとっての意味づけ」をしっかりとするのを見るのはまれです。1万7000もの教室を観察した調査結果からも、この点が大きく欠落していることが確認されています〔参考文献1〕。教師が授業やユニットのまとめをするのではなく、生徒を巻き込んで学習体験を締めくくっていた教室は1％未満でした。

チェックポイント

- ☑今日の授業をどのように締めくくりましたか（あるいは、生徒と振り返りをしましたか）？
- ☑明日の授業ではどのように締めくくりますか？
- ☑授業の締めくくりを考えることは、どのように学習を改善し、今後の指導や生徒とのやり取りにどのように役立ちますか？

指標⑦の習得に向けたアクション

あなたの議論や振り返りの指針として、次のステップに進むために、指標⑦の中心的な概念に対応した次のアクションを実践してみてください。

アクション――目的のあるフィードバックで、間違い、失敗、誤解をなくす

学習は、習熟度や理解度がまだ十分ではない分野で大きく起こる傾向があります。そのため、あなたの指導は生徒の探究や挑戦、思慮深い関与を促すものである必要があります。他の人の考えに挑むとき、教室でのやり取りのなかで、フィードバックが自然かつ重要な要素となります。算数・数学の授業では、一般的で不正確な解法から学習をはじめ、どこで誤りが生じたのか、どのようにすれば正しく問題を解くことができるのかを生徒に話し合ってもらったり、個別に考えさせたりすることができます。国語の授業では、生徒に下手な文章や問題について検討させ、二人一組になって文章の表現を改善するよう求めることができます。どちらの場合も、生徒は教師であるあなただけでなく、他の生徒からもフィードバックを受けることができます。理科の授業では、生徒がグループで収集したデータと、そこから導き出された結論を分析することができます。フィードバックは、次のような質問形式ですることができるでしょう。


「証拠は、結論を裏づけるものですか?」

「他にどのような説明が可能ですか?」

「○○をどのように説明できますか?」

間違いは、フィードバックや意見交換、成長の機会をもたらすことを忘れないでください。それがありきたりの発問から生じたものであっても、十分とはいえない成果物や、間違った成果物の事例を調べたものであっても、授業のなかで協働して行うフィードバックを促進することができるのです。

最後に、フィードバックはネガティブな部分（不正確な部分、できが悪い部分）だけに焦点を当てる必要はありません。優れたものをモデルにしたり、強調したりするためにフィードバックを使用することもできます。いずれの場合も、具体性が重要です。あなたのコメントが具体性に欠けていると、生徒は「自分が何を変える必要があるのか」「どのようなものが模範的といえるのか」ということがわからなくなってしまいます。そのため、「すばらしい」「優れている」「よくやった」などと言うのではなく、「すべてのアイディアを結論部分で簡潔にまとめることができました」「問題解決の各ステップであなたの考えは優れており、他の人が簡単に検証することができます」「南北戦争に至るまでのできごとについて、一つだけではなく、四つもの異なる歴史的な視点で捉えているのがよいと思いました」などと言うとよいでしょう。

チェックポイント

☑次の授業では、どのようにすれば、より有意義なフィードバックを生徒に提供することができきますか？

☑生徒が間違いを共有したり、話し合ったりする文化をつくるためにはどうしたらよいですか？

アクション──形成的な宿題と学習の支援

もし宿題が一種の形成的評価であるならば、それは採点したり成績をつけたりするべきでしょうか。おそらく、その答えはノーでしょう。しかし、生徒は普通、成績に関係しない宿題をしないという難問に、私たちは直面することになります。

私は、生徒が最大限に取り組もうとする姿勢を確保しつつ、学習も促すような別のやり方を提案します。まず、生徒に自分の宿題をチェックしてもらいます（すぐにデジタル機器で解答を掲示します）。この実践は、教師が教室のなかを回りながら生徒がどのように答えたかを聞くよりも、時間を大幅に節約することができます。生徒が自分の課題を確認している間に、あなたは生徒が課題をどの程度完成させているかを確認することができます。その後、生徒が苦労している部分や混乱している部分について、話をする時間をとります。これによって、クラス内での有意義な交流が促されるのです。宿題に成績をつけることもできますが、そうではなく別の方法をおすすめします。生徒が成績の半分を宿題から得て、残りの半分を1～2問の問題から得るというものです。後者の1～2問の問題は、今後行われることになっているテストに出題されるようなものになるかもしれません。生徒が不正解をしてしまった場合は、どこで間違えたのかを自分で説明したり、対処すべき問題を提示したり、その学習内容のどこで苦労しているのかを他の人と話し合ったりする必要があります。

このやり方は、宿題の意味やねらいを変えます。つまり、生徒の学習に何のよい影響も及ぼさず、採点に多くの時間を費やしてしまうだけの懲罰的な課題というものではなくなるのです。この新しいやり方は、生徒にメタ認知（どこで間違えたのかを確認し、悪戦苦闘していることや困っているところを言語化すること）を求め、生徒がどこで苦戦しているかという貴重な情報を提供してくれ、必要に応じて指導を調整することもできます。もし、宿題をしていないにもかかわらず、おしゃべり好きで口を挟むような生徒がクラスにいる場合、宿題の確認のときに、「発言するためには宿題を終わらせていること」というような条件をつけてみてください。これを生徒が、意図的にクラスの議論から離脱するための手段として使うのであれば、それはもうその時点で自滅的で、指導の方針や考え方を変える必要があるでしょう。(注7)

チェックポイント

☑ もしあなたが宿題をするよう生徒に求める場合、より多くの生徒が取り組んでくれるように促すにはどうすればよいですか？

☑どのようにすれば、宿題をより学習に関係するものにでき、「正しいか正しくないのか」についてだけ考えるような余計な不安を少なくすることができますか?

☑生徒が宿題をしたというアリバイづくりだけを目的とした、いい加減な答えをしないようにするために、どのようなことができますか?

アクション――形成的評価で「ボン・ボヤージュ(すてきな航海を!)」を保証する

大型客船の船長が最終目的地に向けて舵を取っているのに、船が到着地に接岸しようとする直前に引き返すようなことがあったら、それは非常にばかげたことだといえるでしょう。

継続的な形成的評価を行わない指導においても、船旅にたとえれば、ゴール地点を目指しているということ自体は同じです。すべての生徒がしっかりとした習熟度を示す準備ができるようになる(目的地に到着する)ことを期待していることになります。ただ、海上では、(風、潮流、船の速度、エンジンの出力などの影響から)意図したコースを変更させられてしまうような、さまざまなことが起こります。同じように、日常の授業時間にも(誤解が生まれる、練習時間が十

注7　宿題の捉え方および出し方についてさらに情報を集めたい方は、『宿題をハックする』がおすすめです。

分でない、指導が抽象的すぎる、生徒のスキルが不足しているなど）さまざまなことが起こり、学習に影響を与えてしまったり、学習を阻害してしまったりします。

授業・ユニットの目標の提示は、あなたが生徒を連れて行くことを約束する「旅路」の概要を示しているのと同じです。そして、形成的評価は生徒がその旅路をどのくらい進んだのかを確認したり、必要に応じて行程を修正したりするためのものです。形成的評価を日々の指導に取り入れ、さまざまな方法を試し、どれが最も効果的かを確認してみてください。うまくいかないと思っても、少なくとも3回試してみるまでは、その方法を見捨てないでください。

チェックポイント

- ☑ 知識とスキルの学習のあり方やそれらを定着させるための手立てを改善するために、あなたはどのように、またどのくらいの頻度で、形成的評価を活用していますか？
- ☑ 形成的評価からあなたがわかったことに基づいて、どのように指導を調整しましたか？

アクション──テスト結果を伸ばす評価方法を選択する

形成的評価は多様な成果をもたらしてくれますが、その方法の数と種類に圧倒されてしまうことがあります。評価の方法によって学習にもたらす効果が異なるため、それらを最大限にいかすためには、生徒の達成度を直接向上させるものに焦点を当てることが重要です。たとえば、教材を読んだあと、形成的評価として小テストを受けた生徒は、小テストを受けなかった生徒と比較して、1週間後の定着率が50パーセントも高かったという事例があります［参考文献8］。

指標④の章では、形成的評価の一つの方法である「統合された練習」の利点について述べました。ある学習内容を要素に分けて個別に取り組むのではなく、さまざまな能力を同時に実践する「統合された練習」は、生徒の学習を支援するとともに、継続的に強化することを可能にします。そのため、ユニットの最後に学習内容を詰め込むよりもはるかに効果的です。ある研究によると、「統合された練習」は「詰め込み」よりも有益であることが示されています［参考文献6、43］。

とくに効果的な形成的評価の方法のもう一つの例として「自己クイズ」[注8]があります。クイズや小テストの前に、単に教科書やノートを読み直すよりもはるかに効果的な方法です。生徒が自分自身や他の生徒に小テストをする方法を教えることは重要です。なぜなら、そのスキルは生徒が本来もっているものではなく、学習しなければならないものだからです。一般的に、学業面で成功している生徒は、親やきょうだい、メンターなどから、小テストの準備を手伝ってもらったり、

注8　生徒が自分で小テストで問われるような問題を考えるという形式のものや、自分自身が記憶している学習内容を書き出すといった形式のものなどがあります。

モデルになってもらったりして、「自己クイズ」のやり方を学んでいることが多いのです。

多くの生徒はテストに向けて、詰め込みに頼ります。しかし、知識の定着を目指すとするならば、よりよいやり方はここで提案したようなものなのです。つまり、「知識がしっかりしているか」「さらなる学習が必要なことは何なのか」を明らかにするための小テスト、「統合された練習」「自己クイズ」やクラスメイトとの「相互クイズ」などです。

チェックポイント

☑あなたの教室で使用することができる少なくとも15～20種類の形成的評価の方法として、どのようなものがありますか？（そのアイディアについては、書籍やウェブサイトを参照してください。(注9)）

☑どの形成的評価や支援が、長期的な視点に立ったとき、生徒の学習にとって最も有益なものとなりますか？

アクション――授業のまとめで創造性を発揮する

多くの教師が日常的に用いている、あまりにも一般的なまとめ方は、「出口チケット」です。たしかにこのやり方は、多くの場合、適切なものとなります。ただ、すべてのクラスで、そしてすべての教師がこの方法を使用すると、とても単調なものになってしまいます。あなたは、生徒が学んでいることにしっかりとしたつながりをつくってもらいたいと思っています。そして、授業のまとめの仕方を多様な方法にすることは、その助けになります。ここでは、生徒に提供するまとめの方法として、「出口チケット」やそれに代わる創造的な方法をいくつか紹介します。

・**どうツイートする⁉** 今日の授業をまとめたツイート（140字以内）をします。（このやり方は、簡潔に意見を述べる練習をするよい方法です。ただし、生徒には文字数を数えることよりも、内容に時間をかけて書くように指示してください。）

・**速報！** ニュース記事の見出しとして、授業の目的や意味を短い表現で要約させます。

・**過去と現在** 何が変わったかを簡潔にまとめさせます。具体的には、「過去の自分は何を考え、現在の自分の考えは何がどう変わったと思いますか？」と問いかけたりします。

注9 日本語で読める本としては、『一人ひとりをいかす評価――学び方・教え方を問い直す』がおすすめです。残念ながら「形成的評価の方法」で検索しても、多様な方法は見つかりませんでした。代わりに「strategies for formative assessment」で検索すると大量の情報が入手できます。

・**絵にするとこうなる！**　ある概念を説明するアイコンや、画像、漫画などを描いて、そのキャプションや説明を１４０字以内で書かせてください。

・**親愛なるジョニーへ**　欠席している生徒（実在する生徒または架空の生徒）に、今日の授業の内容を説明したはがきを書きます。（この方法は、誰か生徒が実際に欠席していた場合に、とくに効果的です。）

教師主導の授業のまとめが役立つこともありますが、まとめの段階において生徒がメタ認知する（自分の考えについて考える）ことの方が、より意義深いものになります。授業中に取り組んできたことを整理してまとめたり、質問したり、分析したりするように求めると、生徒は自分が知っていることと知らないことをより意識するようになります。生徒たちは、「自分はこれを知らない」と自覚すると、学習に対してより意欲的になり、より多くの質問をし、より一生懸命に勉強するようになります。

とくに、生徒自身による学習課題についての調査や説明は、授業が終わるよりもずっと前に行われることが多いので、振り返りやまとめ自体は必ずしも授業の最後のタイミングで行う必要はないことを覚えておいてください。さらに、授業の終わりに個別学習(注10)のための時間を確保するのを通例としている場合には、生徒がそれをはじめる前にまとめの活動を行うのが望ましいでしょう。

チェックポイント

☑あなたは自分の授業を振り返ったり、まとめたりするとき、どのような傾向がありますか？

☑生徒はどのくらい、学習に夢中で取り組めていますか？（そして、そう思う根拠はどのようなものですか？）

☑授業の終わりのタイミングは、生徒の成長について何を伝えていますか？

☑授業の終わり方をどのように変更すると、生徒にとって、学習をよりメタ認知的なものにすることができますか？　また、あなたが授業のまとめを「与える」形をとらずに授業をまとめることはできますか？

注10　個別学習や協働学習を含めて、そのタイミングややり方について詳しくは、『「学びの責任」は誰にあるのか』を参照してください。

おわりに――次のステップに向けて――

そうです。私たちは生徒のために、ここまで確認してきたことに取り組む責任があります。私たちは学校の外で生徒に何が起こるかをコントロールすることが、ほとんどできません。しかし、生徒の成功に影響を及ぼす、学校のなかにあるたくさんの「要因」をコントロールすることはできます。これらの要因をうまくコントロールできれば、すべての生徒が成長し、成功し、学ぶことを促す文化を提供することが大いにできるのです。

中学校と高校の教師には、すべての生徒とともに意味のある学習を達成するための時間が、(年間で約180日間の授業日数で、1日1時間として)約180時間あります。小学校の教師は他の校種の教師より多くの時間をもっており、「しつけの面」での課題をより多く抱えているかもしれません。生徒は、その年に教えられた事実や細かな情報のほとんどを忘れてしまいます。では、どのようなことなら、ずっと忘れずにいられるのでしょうか。生徒は卒業後、次のステージに何をもっていくのでしょうか。

九九の表を思い出したり、シェイクスピアのソネット【ヨーロッパの定型詩】を暗唱したり、水の循環を正確に描いたり、石器時代に起こった五つのことをリストアップしたりすることが、生徒がずっと忘れることのない大切な学びでしょうか。それとも、複雑な問題を解決する方法を知っていたり、文学の何が優れているのかを議論したり、持続可能な環境における水の重要性を伝えたり、ある文化が他の文化からどのような影響を受けているのかを説明したりできるようになることが、生徒がずっと忘れることのない大切な学びでしょうか。後者の例は、事実を知ることの重要性を否定するものではありません。むしろ、事実は学習の一次的な推進力ではなく、二次的な推進力になっているのです。

本書は、あなたとあなたの学校の教師たちが、何が指導や学習を効果的にしてくれるのかについて、より深く考えてみることを目指してきました。

最初の三つの指標は、どちらかといえば基本的なものですが、教師による指導や生徒の学びを効果的にするために非常に重要なものです。

指標①――学んでいることとのつながりが明確で、生徒が夢中で取り組める学習の流れをつくる

指標②――生徒中心の学習方法と、リソースやテクノロジーを一体化させる

指標③――失敗が受け入れられ、尊重されていると生徒が感じる、よく組織された学習環境をつくる

指標④――やりがいのある、深い学びをもたらす学習経験をつくる

指標⑤——対話的で、よく考えることを大切にした、意味のある学びをつくる
指標⑥——創造的で問題解決を志向する文化をつくる
指標⑦——指導と学習をガイドするモニタリング、評価、フィードバックを行う

ここまで確認してきた七つの指標はすべて、あなたの指導をより意図的なものにしてくれるとともに、生徒の成功を促すものです。そのための効果的な指導は、たまたま起こるものではありません。それは継続的な成長の結果として起こるものなのです。たとえ、今日時点でかなりよい状態であったとしても、明日は今日よりも少しよくなっているということがありえます。あなたが教師としてどの程度成長し、また成長し続けるかは、常にあなた次第なのです。

本書は、完全な解決策を提案することを意図したものではありません。しかし、もしすべての教師が、自分自身の実践のあり方を探究し、批評されることを受け入れるならば、そのような教師が次のステップへと進み続けるための助けとなることでしょう。私たちは皆、よりすばらしい教師となることを目指さなければなりません。ここまで確認してきた七つの指標は、すべての教師と学校が各章の表のなかで、「うまくやれている」以上のレベルになれるための明確な目標とステップを提供しています。七つの指標は、単なるチェックリストではなく、対話を導き、証拠の収集を促し、21世紀の教育がどのように見え、どのように感じられるべきかについて、より高

い教育の基準が設定されるのを促してくれるルーブリックを提供しているのです。

・フィードバックには、「Seven Keys to Effective Feedback ASCD」で検索して読むことができるGrand Wigginsの記事（https://www.ascd.org/el/articles/seven-keys-to-effective-feedback）がおすすめです。

の習慣（仮題）』新評論として出版予定です。】

第7章　指標⑦：指導と学習をガイドするモニタリング、評価、フィードバックを行う

- Sousa, D. A. (2015) . *Brain-friendly assessments: What they are and how to use them.* West Palm Beach, FL: Learning Sciences International
- ジョン・ハッティ、山森光陽（訳）（2018）『教育の効果：メタ分析による学力に影響を与える要因の効果の可視化』図書文化【この著者が執筆した別の本の翻訳版もあります。ジョン・ハッティ、グレゴリー・イエーツ、原田信之（監修、翻訳）（2020）『教育効果を可視化する学習科学』北大路書房】
- Keeley, P. (2008) . *Science formative assessment: 75 practical strategies for linking assessment, instruction, and learning.* Thousand Oaks, CA: Corwin Press（紹介されている方法は、すべての教科に応用可能です。）
- *17,000 Classroom Visits Can't Be Wrong*（前掲）
- Dueck, M. (2014) . *Grading smarter, not harder: Assessment strategies that motivate kids and help them learn.* Alexandria, VA: ASCD【この著者の最新作、*Giving Students a Say: Smarter Assessment Practices to Empower and Engage* (2021) を、マイロン・デューク、吉川岳彦ほか（訳）（2022）『聞くことから始めよう！　やる気を引き出し、意欲を高める評価（仮題）』さくら社として出版予定です。】
- キャロル・トムリンソン、T・R・ムーン、山元隆春ほか（訳）（2018）『一人ひとりをいかす評価』北大路書房
- スター・サックシュタイン、山本佐江ほか（訳）（2021）『ピア・フィードバック―ICTも活用した生徒主体の学び方』新評論
- スター・サックシュタイン、高瀬裕人ほか（訳）（2018）『成績をハックする』新評論
- スター・サックシュタイン、コニー・ハミルトン、高瀬裕人（訳）（2019）『宿題をハックする』新評論
- スター・サックシュタイン、中井悠加ほか（訳）（2022）『*Assessing with Respect: Everyday Practices That Meet Students' Social and Emotional Needs*（成績だけが評価じゃない ― 感情と社会性を育む評価）（仮題）』新評論を出版予定。

静かな人の力』講談社
・クリスィー・ロマノ・アラビト、古賀洋一ほか（訳）(2021)『静かな子どもも大切にする』新評論
・アレキシス・ウィギンズ、吉田新一郎（訳）(2018)『最高の授業――スパイダー討論が教室を変える』新評論
・ジェニ・ウィルソン、レスリー・ウィン・ジャン、吉田新一郎（訳）(2018)『「考える力」はこうしてつける』増補版、新評論
・ジェフ・ズィヤーズ、北川雅浩ほか（訳）(2021)『学習会話を育む』新評論
・スター・サックシュタイン、キャレン・ターウィリガー、古賀洋一ほか（訳）(2022)『一斉授業をハックする――主体的な学びをもたらす学習センター（仮題）』新評論
・マリリー・スプレンガー、大内朋子ほか（訳）(2022)『感情と社会性を育む学び（SEL）』新評論
・ナンシー・フレイ、ダグラス・フィッシャー、ドミニク・スミス、山田洋平ほか（訳）(2023)『All Learning is Social and Emotional（学びはすべてSEL）（仮題）』新評論
・ジョン・ミューア・ロウズ、杉本裕代ほか（訳）(2022)『見て・考えて・描く自然探究ノートーネイチャー・ジャーナリング』（築地書館）

第6章　指標⑥：創造的で問題解決を志向する文化をつくる

・『子どもの思考が見える21のルーチン：アクティブな学びをつくる』（前掲）
・The Organized Mind（前掲）
・イアン・レズリー、須川綾子（翻訳）(2016)『子どもは40000回質問する　あなたの人生を創る「好奇心」の驚くべき力』光文社
・Drapeau, P. (2014). *Sparking student creativity: Practical ways to promote innovative thinking and problem solving.* Alexandria, VA: ASCD
・Costa, A. L., & Kallick, B. K. (2008). *Learning and leading with habits of mind: 16 essential characteristics for success.* Alexandria, VA: ASCD
【この本で紹介されている16の思考の習慣は、Kallick, Bena & Zmuda, Allison (2017) *STUDENTS AT THE CENTER――Personalized Learning with Habits of Mind*をベナ・キャリック、アリソン・ズムダ、中井悠加ほか（訳）(2022)『個に応じた学びと思考

・クリスティン・ラヴィシー－ワインスタイン、小岩井僚ほか（訳）（2022）『Anxious　不安な心に寄り添う── 教師も生徒も安心できる学校づくり（仮題）』新評論
・アンバー・ハーパー、飯村寧史ほか（訳）（2022）『Hacking Teacher Burnout 教師の仕事を、自分らしく──どんなチャレンジにも前向きになれる８つのステップ（仮題）』新評論

第４章　指標④：やりがいのある、深い学びをもたらす学習経験をつくる

・Tomlinson, C. A. (2014). *The differentiated classroom: Responding to the needs of all learners* (2nd ed.). Alexandria, VA: ASCD 【この訳ではありませんが、同じ著者の『ようこそ、一人ひとりをいかす教室へ』キャロル・トムリンソン、山崎敬人ほか（訳）、北大路書房（2017）が出ています。】
・ピーター・ブラウン、ヘンリー・ローディガー、マーク・マクダニエル、依田卓巳（訳）（2016）『使える脳の鍛え方』NTT出版
・チクセントミハイ、大森弘（訳）（2010）『フロー体験入門：楽しみと創造の心理学』世界思想社
・Tomlinson, C. A., & McTighe, J. (2003). *Integrating differentiated instruction and understanding by design: Connecting content and kids.* Alexandria, VA: ASCD
・アダム・チェイバーリン、スヴェティ・メイジック、福田スティーブ利久ほか（訳）（2011）『挫折ポイント』新評論

第５章　指標⑤：対話的で、よく考えることを大切にした、意味のある学びをつくる

・Antonetti, J. V., & Garver, J. R. (2015). *17,000 classroom visits can't be wrong: Strategies that engage students, promote active learning, and boost achievement.* Alexandria, VA: ASCD
・*Succeeding with Inquiry in Science and Math Classrooms*（前掲）
・スーザン・ケイン、古草秀子（訳）（2013）『内向型人間の時代 社会を変える

doi: 10.1007/s10972-014-9401-4

・Levitin, D.（2014）. *The Organized Mind: Thinking straight in the age of information overload*. New York: Dutton.

・Tomlinson, C.A.（2021）*So Each May Soar——The Principles and Practices of Learner-Centered Classrooms*をキャロル・トムリンソン、谷田美尾ほか（訳）（2022）『生徒中心の教室の「原則」と「実践」（仮題）』新評論として出版予定

・カール・ロジャーズ、ジェローム・フライバーグ、畠瀬稔ほか（訳）（2006）『学習する自由』第3版、コスモスライブラリー

・ウェンディ・オストロフ、池田匡史ほか（訳）（2020）『「おさるのジョージ」を教室で実現——好奇心を呼び起こせ！』新評論

・マーサ・ラッシュ、長崎政浩ほか（訳）（2020）『退屈な授業をぶっ飛ばせ！——学びに熱中する教室』新評論

第3章　指標③：失敗が受け入れられ、尊重されていると生徒が感じる、よく組織された学習環境をつくる

・ハリー・ウォン，ローズマリー・ウォン，稲垣みどり（訳）（2017）『世界最高の学級経営』東洋館出版社

・Fay, J., & Funk, D.（1998）. *Teaching with love and logic: Taking control of the classroom*. Golden, CO: Love and Logic Institute

・Curwin, R. L.（2008）. *Discipline with dignity: New challenges, new solutions*. Alexandria, VA: ASCD

・Marzano, R.（2003）. *Classroom management that works: Research-based strategies for every teacher*. Alexandria, VA: ASCD

・ネイサン・メイナード、ブラッド・ワインスタイン、高見佐知ほか（訳）（2020）『生徒指導をハックする』新評論

・ローリー・バロン、パティー・キニィー、山崎めぐみほか（訳）（2022）『We Belong　だれにも居場所の学級・学校のつくり方（仮題）』新評論

・ローラ・ウィーヴァー、マーク・ワイディング、内藤翠ほか（訳）（2022）『The 5 Dimensions of Engaged Teaching　エンゲージド・ティーチング―SELを成功に導くための5つの要素（仮題）』新評論

・コニー・ハミルトン、山崎亜矢ほか（訳）（2021）『質問・発問をハックする』新評論
・スージー・ボス、ジョン・ラーマー、池田匡史ほか（訳）（2021）『プロジェクト学習とは―地域や世界につながる教室』新評論
・L・トープ、S・セージ、伊藤通子ほか（訳）（2017）『PBL――学びの可能性をひらく授業づくり』北大路書房
・ナンシー・アトウェル、小坂敦子ほか（訳）（2018）『イン・ザ・ミドル』三省堂
・チャールズ・ピアス、門倉正美ほか（訳）（2020）『だれもが科学者になれる』新評論
・リンダ・レヴィスティック、キース・バーンズ、松澤剛ほか（訳）（2021）『歴史をする』新評論
・冨田明弘、西田雅史、吉田新一郎（2021）『社会科ワークショップ』新評論
・ジョン・メイソン、ケイ・ステイスィー、吉田新一郎（訳）（2019）『教科書では学べない数学的思考』新評論
・伊垣尚人、小鴨文、清水将、宮大二郎、吉田新一郎（2023予定）『数学者の時間（仮題）』新評論【上記の7点およびこの本は、国語、理科、歴史／社会科、算数・数学および探究に特化した本ですが、そのアプローチはすべて問題解決／探究のサイクルを回し続けることに焦点が当てられています。】

第２章　指標②：生徒中心の学習方法と、リソースやテクノロジーを一体化させる

・Marshall, J. C. (2013). *Succeeding with inquiry in science and math classrooms.* Alexandria, VA: ASCD & NSTA.
・ロン・リチャート、カーリン・モリソン、マーク・チャーチ、黒上晴夫、小島亜華里（訳）（2015）『子どもの思考が見える21のルーチン：アクティブな学びをつくる』北大路書房
・*The Teaching for Understanding Guide*（前掲）
・Marshall, J. C., & Alston, D. M. (2014). Effective, sustained inquiry-based instruction promotes higher science proficiency among all groups: A 5-year analysis. *Journal of Science Teacher Education, 25* (7), 807–821.

の授業が子どもと世界を変える』新評論
・吉田新一郎・岩瀬直樹（2019）『シンプルな方法で学校は変わる』みくに出版
・リリア・コセット・レント、白鳥信義ほか（訳）（2020）『教科書をハックする』新評論
・デイヴィッド・ブース、飯村寧史ほか（訳）（2021）『私にもいいたいことがあります！――生徒の「声」をいかす授業づくり』新評論
・キャシー・タバナー、カーステン・スィギンズ、吉田新一郎（訳）（2017）『好奇心のパワー』新評論

■おまけ

・「ギヴァー」のブログで紹介しているジョン・ホルト、ジャン・ピアジェ、そしてF・コルトハーヘン著の『教師教育学』の記事

ギヴァーの会 THE GIVER「ジョンホルトの本」

ギヴァーの会 THE GIVER「教育の目的のそもそものズレ」

ギヴァーの会 THE GIVER「『教師教育学』２」

ジョン・ホルトの本

教育の目的の
そもそものズレ

『教師教育学』２

第１章　指標①：学んでいることとのつながりが明確で、生徒が夢中で取り組める学習の流れをつくる

・Blythe, T. (1998). *The Teaching for Understanding Guide.* San Francisco, CA: Jossey-Bass
・『理解をもたらすカリキュラム設計』（前掲）
・McTighe, J., & Wiggins, G. (2013). *Essential questions: Opening doors to student understanding.* Alexandria, VA: ASCD.

・ジョン・デューイ、植田清次（訳）（1955）『思考の方法　いかにわれわれは思考するか』春秋社【これは、原著者のリストに含まれていますが、訳者はこの本もデューイが英語で書いた本も読めませんでした。デューイの本は原書も翻訳も極めて難解です。おそらく、デューイの本の訳者たちよりも、デューイ本人の書き方に問題があると思われます。訳者がこれまでに読めたデューイ関連の本は、『デューイの探究教育哲学』早川操（名古屋大学出版会、1994年）と『デューイの教育哲学』佐々木秀一（協同出版、1967年）の2冊だけですが、後者は入手が困難なので、すすめられるのは前者だけです。】
・Sizer, T. R.（1992）. *Horace's school: Redesigning the American High School.* Boston: Houghton Mifflin.【この本と同じレベルで、高校改革を中心に学校で教えることと・学ぶことを根本的に見直し、その結果を踏まえてつくった学校を紹介しているLittky, Dennis.（2004）. *The big picture : education is everyone's business*が、デニス・リトキー、杉本智昭ほか（訳）（2022）『The Big Picture』『「一人ひとり」を大切にする学校――生徒・教師・保護者・地域がつくる学び場』築地書館がおすすめです。】
・ダニエル・ピンク、大前研一（訳）（2010）『モチベーション3.0 持続する「やる気！」をいかに引き出すか』講談社【訳者にとっては、エドワード・デシの『人を伸ばす力』新曜社の方が参考になりました。】
・マルコム・グラッドウェル、高橋啓（訳）（2000）『ティッピング・ポイント――いかにして「小さな変化」が「大きな変化」を生み出すか』飛鳥新社
・ダン・ロススタイン、ルース・サンタナ、吉田新一郎（訳）（2015）『たった一つを変えるだけ』新評論
・ダグラス・フィッシャー、ナンシー・フレイ、吉田新一郎（訳）（2017）『「学びの責任」は誰にあるのか』新評論
・キャロル・トムリンソン、山元隆春ほか（訳）（2017）『ようこそ、一人ひとりをいかす教室へ』北大路書房
・ジョージ・クーロス、白鳥信義ほか（訳）（2019）『教育のプロがすすめるイノベーション』新評論
・マイク・エンダーソン、吉田新一郎（訳）（2019）『教育のプロがすすめる選択する学び』新評論
・ピーター・ジョンストン、長田友紀ほか（訳）（2018）『言葉を選ぶ、授業が変わる！』ミネルヴァ書房
・ピーター・ジョンストン、吉田新一郎（訳）（2019）『オープニングマインド――子どもの心をひらく授業』新評論
・ジョン・スペンサー、A・J・ジュリアーニ、吉田新一郎（訳）（2020）『あなた

資料　教師の力量を高めるための文献リスト

私たちは、自分たちに必要なものは何かということについてはよく知っています。しかし、必要なものを補うための具体的な手立て、方向性、ヒントなどを見つけるための方法については、よくわかっていません。

ここで示すものは、教師の力量を高めるための七つの指標に関する、文献リストです。この文献リストには、見識を高めてくれる有益なもので、自分の思考を問い直すものだと私が感じた本や論文を掲載しています。可能であれば、これらすべてを読み、内容を理解することをおすすめします。ただし、読書の優先順位をつけるなら、自身に最も重要なものは何か、そして、重要なものが自身にどのように役立つかを自問自答してみてください。

なお、著者がすすめる本の後に、訳者がすすめるリストを付け足してあります。読者が、リストに加えたいという本がありましたら、pro.workshop@gmail.com宛にご連絡ください。

◎以下の本は、すべての指導者や教育者が知っておくべき本です。

・キャロル・S・ドゥエック、今西康子（訳）（2016）『マインドセット「やればできる！」の研究』草思社

・米国学術研究推進会議、ジョン・ブランスフォード、アン・ブラウン（著）、ロドニー・クッキング（著）森敏昭（監修・翻訳）、秋田喜代美（監修・翻訳）（2002）『授業を変える: 認知心理学のさらなる挑戦』北大路書房【邦訳は初版ですが、すでに第2版が出ており、右のQRコードから無料でダウンロードできます。】

・グラント・ウィギンズ，ジェイ・マクタイ、西岡加名恵（翻訳）（2012）『理解をもたらすカリキュラム設計――「逆向き設計」の理論と方法』日本標準【実践的な本も出版されています。奥村好美、西岡加名恵（2020）『「逆向き設計」実践ガイドブック：「理解をもたらすカリキュラム設計」を読む・活かす・共有する』日本標準】

・Fried, R. L. (2001) . *The passionate teacher: A practical guide*. Boston: Beacon.T【同じ著者の*The Passionate Learner: How Teachers and Parents Can Help Children Reclaim the Joy of Discovery* (2001) もおすすめです。】

イ、西岡加名恵（訳）（2012）『理解をもたらすカリキュラム設計――「逆向き設計」の理論と方法』日本標準【実践的な本も出版されています。奥村好美、西岡加名恵（2020）『「逆向き設計」実践ガイドブック：『理解をもたらすカリキュラム設計』を読む・活かす・共有する』日本標準】

54 Wong, H. K., & Wong, R. T. (1998). *The first days of school: How to be an effective teacher.* Mountain View, CA: Harry K. Wong. ハリー・ウォン、ローズマリー・ウォン、稲垣みどり（訳）（2017）『世界最高の学級経営 the FIRST DAYS OF SCHOOL How to be an effective teacher』東洋館出版社

55 Yu, A. (2014). Physicists, generals, and CEOs ditch the PowerPoint. All Tech Considered. Available: http://www.npr.org/sections/alltechconsidered/2014/03/16/288796805/physicists-generals-and-ceos-agree-ditch-the-powerpoint

New York: Riverhead Books. ダニエル・ピンク、大前研一（訳）(2010)『モチベーション3.0 持続する「やる気！」をいかに引き出すか』講談社

42 Plutchik, R. (2001). The nature of emotions. *American Scientist,* 89 (4), 344–350.

43 Rohrer, D., & Taylor, K. (2007). The shuffling of mathematics problems improves learning. *Instructional Science, 35,* 481–498.

44 Rosenshine, B., & Furst, N. (1971). *Research on teacher performance criteria.* Paper presented at the annual meeting of the American Educational Research Association, New York City.

45 Sadler, D. R. (2008). Beyond feedback: Developing student capability in complex appraisal. *Assessment & Evaluation in Higher Education, 35* (5), 535–550.

46 Schlam, T. R., Wilson, N. L., Shoda, Y., Mischel, W., & Ayduk, O. (2013). Preschoolers' delay of gratification predicts their body mass 30 years later. *The Journal of Pediatrics, 162* (1), 90–93. doi: 10.1016/j.jpeds.2012.06.049

47 Shute, V. J. (2008). Focus on formative feedback. *Review of Educational Research, 78* (1), 153–189.

48 Thiel, P. (2014). *Zero to one: Notes on startups, or how to build the future.* New York: Crown Business.

49 Tomlinson, C. A. (2014). *The differentiated classroom: Responding to the needs of all learners* (2nd ed.). Alexandria, VA: ASCD.【この訳ではありませんが、同じ著者の『ようこそ、一人ひとりをいかす教室へ』キャロル・トムリンソン、山崎敬人ほか（訳）、北大路書房（2017）が出ています。】

50 Tomlinson, C. A., & McTighe, J. (2003). *Integrating differentiated instruction and understanding by design: Connecting content and kids.* Alexandria, VA: ASCD.

51 Torrance, E. P. (Ed.). (1987). *Can we teach children to think creatively?* Buffalo, NY: Bearly Limited.

52 Vygotsky, L. (1978). *Mind in society: The development of higher psychological processes.* Cambridge, MA: Harvard University Press.

53 Wiggins, G., & McTighe, J. (2005). Understanding by design (expanded 2nd ed.). Alexandria, VA: ASCD. グラント・ウィギンズ、ジェイ・マクタ

Reno, NV.

31 Marzano, R. (2003). *Classroom management that works: Research-based strategies for every teacher.* Alexandria, VA: ASCD.

32 McTighe, J., & Wiggins, G. (2013). *Essential questions: Opening doors to student understanding.* Alexandria, VA: ASCD.

33 Mickelson, R. A. (2003). The academic consequences of desegregation and segregation: Evidence from the Charlotte-Mecklenburg Schools. *North Carolina Law Review, 81* (4) ,120–165.

34 Mischel, W. (2014). *The Marshmallow test: Mastering self-control.* New York: Little, Brown. ウォルター・ミシェル、柴田裕之（訳）(2015)『マシュマロ・テスト：成功する子・しない子』早川書房

35 Myers, I. B., McCaulley, M. H., Quenk, N. L., & Hammer, A. L. (1998). *MBTI manual: A guide to the development and use of the Myers-Briggs type indicator* (3rd ed.). Palo Alto, CA: Consulting Psychologists Press.

36 National Board for Professional Teaching Standards. (2006). Making a difference in quality teaching and student achievement. Available: http://www.nbpts.org/resources/research

37 National Council for the Social Studies. (2013). *The college, career, and civic life (C3) framework for social studies state standards: Guidance for enhancing the rigor of K–12 civics, economics, and history.* Silver Spring, MD: NCSS.

38 Partnership for 21st Century Skills. (2013). Framework for 21st century learners. Available: http://www.p21.org/overview

39 Pashler, H., Bain, P. M., Bottge, B. A., Graesser, A., Koedinger, K., McDaniel, M., & Metcalfe, J. (2007). Organizing instruction and study to improve student learning. Available: http://ies.ed.gov/ncee/wwc/pdf/practiceguides/20072004.pdf

40 Penuel, W. R., Fishman, B. J., Yamaguchi, R., & Gallagher, L. P. (2007). What makes professional development effective? Strategies that foster curriculum implementation. *American Educational Research Journal, 44* (4), 921–958.

41 Pink, D. (2009). *Drive: The surprising truth about what motivates us.*

プリント特集をしています（https://www.bookend.co.jp/biocity-no-56/）。】

21 Jung, C. G. (1971). *Psychological types.* Princeton, NJ: Princeton University. ユング（著）、河合俊雄（解説）、吉村博次（訳）（2012）『心理学的類型』中央公論新社

22 Leslie, I. (2014). *Curious: The desire to know and why your future depends on it.* New York: Basic Books. イアン・レズリー、須川綾子（訳）（2016）『子どもは40000回質問する あなたの人生を創る「好奇心」の驚くべき力』光文社

23 Lindgren, J., & Bleicher, R. E. (2005). Learning the Learning Cycle: The differential effect on elementary preservice teachers. *School Science and Mathematics, 105* (2) , 61–72.

24 Marek, E. A., & Cavallo, A. M. L. (1997). *The Learning Cycle: Elementary school science and beyond.* Portsmouth, NH: Heinemann.

25 Marshall, J. C. (2008). An explanatory framework detailing the process and product of highquality secondary science practice. *Science Educator, 17* (1), 49–63.

26 Marshall, J. C. (2013). *Succeeding with inquiry in science and math classrooms.* Alexandria, VA: ASCD & NSTA.

27 Marshall, J. C., & Alston, D. M. (2014). Effective, sustained inquiry-based instruction promotes higher science proficiency among all groups: A 5-year analysis. *Journal of Science Teacher Education, 25* (7), 807–821. doi: 10.1007/s10972-014-9401-4

28 Marshall, J. C., Alston, D. M., & Smart, J. B. (2015). TIPS: Teacher Intentionality of Practice Scale. Available:http://www.clemson.edu/hehd/departments/education/centers/iim/research-evaluation/tips.htm.

29 Marshall, J. C., Horton, B., & Smart, J. (2009). 4E×2 Instructional Model: Uniting three learning constructs to improve praxis in science and mathematics classrooms. *Journal of Science Teacher Education, 20* (6) , 501–516. doi: 10.1007/s10972-008-9114-7

30 Marshall, J. C., Smart, J B., & Alston, D. M. (2016). *Inquiry-based instruction: A possible solution to improving student learning.* Paper presented at a meeting of Association of Science Teacher Education,

（訳）（2013）『内向型人間の時代：社会を変える静かな人の力』講談社

11 Csikszentmihalyi, M. (1997). *Finding flow.* New York: Basic Books.M. チクセントミハイ、大森弘（訳）（2010）『フロー体験入門——楽しみと創造の心理学』世界思想社

12 Curwin, R. L. (2008). *Discipline with dignity: New challenges, new solutions.* Alexandria, VA: ASCD.

13 Darling-Hammond, L., Chung Wei, R., Andree, A., Richardson, N., & Orphanos, S. (2009). *Professional learning in the learning profession: A status report on teacher development in the U.S. and abroad.* Oxford, OH: National Staff Development Council.

14 Desimone, L. M., Porter, A. C., Garet, M. S., Yoon, K. S., & Birman, B. F. (2002). Effects of professional development on teachers' instruction: Results from a three-year longitudinal study. *Educational Evaluation and Policy Analysis, 24* (2), 81–112.

15 Dobuzinskis, A. (2014). Los Angeles iPad rollout for schools slowed by technical challenges. Available: http://www.huffingtonpost.com/2014/09/19/los-angeles-schools-ipads_n_5852662.html

16 Dreifus, C. (2013). Ideas for improving science education in the U.S. Available: http://www.nytimes.com/2013/09/03/science/ideas-for-improving-science-education-in-the-us.html?pagewanted=all&_r=0

17 Fay, J., & Funk, D. (1998). *Teaching with love and logic: Taking control of the classroom.* Golden,CO: Love and Logic Institute.

18 Hattie, J. (2009). *Visible learning: A synthesis of over 800 meta-analyses relating to achievement.* London: Routledge. ジョン・ハッティ、山森光陽（訳）『教育の効果：メタ分析による学力に影響を与える要因の効果の可視化』図書文化【この著者が執筆した別の本の翻訳版もあります。ジョン・ハッティ、グレゴリー・イエーツ、原田信之（監修、訳）（2020）『教育効果を可視化する学習科学』北大路書房】

19 Howard, R. (Director). (1995). *Apollo 13* [movie]. Universal City, CA: Universal Pictures.

20 Joyner, R., & Marshall, J. C. (2016). Watch your step! An investigation of carbon footprints. *American Biology Teacher.*【日本語で読めるものとしては、ブックエンド社が出している季刊雑誌『BIOCITY』56号がエコロジカル・フット

参考文献リスト

1 Antonetti, J. V., & Garver, J. R. (2015). *17,000 classroom visits can't be wrong: Strategies that engage students, promote active learning, and boost achievement.* Alexandria, VA: ASCD.

2 Ausubel, D. P. (1968). *Educational psychology: A cognitive view.* New York: Holt, Rinehart, & Winston.

3 Banilower, E. R., Heck, D. J., & Weiss, I. R. (2007). Can professional development make the vision of the standards a reality? The impact of the National Science Foundation's local systemic change through teacher enhancement initiative. *Journal of Research in Science Teaching, 44* (3), 375–395.

4 Beghetto, R. A., & Kaufman, J. C. (2010). Broadening conceptions of creativity in the classroom. In R. A. Beghetto & J. C. Kaufman (Eds.), *Nurturing creativity in the classroom* (pp. 191–205). New York: Cambridge University.

5 Benard, B. (2004). *Resiliency: What we have learned.* San Francisco: WestEd.

6 Bjork, R. A., Dunlosky, J., & Kornell, N. (2013). Self-regulated learning: Beliefs, techniques, and illusions. *Annual Review of Psychology, 64,* 417–444. doi: 10.1146/annurev-psych-113011-143823

7 Black, P., Harrison, C., Lee, C., Marshall, B., & Wiliam, D. (2004). Working inside the black box: Assessment for learning in the classroom. *Phi Delta Kappan, 86* (1), 8–21.

8 Brown, P. C., Roediger III, H. L., & McDaniel, M. A. (2014). *Make it stick: The science of successful learning.* Cambridge, MA: Belknap Press of Harvard University Press. ピーター・ブラウン、ヘンリー・ローディガー、マーク・マクダニエル、依田卓巳(訳)(2016)『使える脳の鍛え方』NTT出版

9 Bybee, R. W., Taylor, J. A., Gardner, A., Van Scotter, P., Powell, J. C., Westbrook, A., & Landes, N. (2006). *The BSCS 5E Instructional Model: Origins, effectiveness, and applications.* Colorado Springs, CO: BSCS.

10 Cain, S. (2013). *Quiet: The power of introverts in a world that can't stop talking.* New York: Random House. スーザン・ケイン、古草秀子

訳者紹介

池田 匡史（いけだ・まさふみ）

2022年現在、岡山大学学術研究院教育学域講師。国語教育学を専門としています。免許更新講習制度の発展的解消に伴い、各学校での校内研修の重要性が叫ばれています。しかし、自分たちの学校ではどのような面に重きを置いた研修を行えばよいのか、ということに悩まれる先生が今後増えていくと予想されます。本書がそれを探る手がかりとなれば幸いです。

雲財 寛（うんざい・ひろし）

2022年現在、東海大学児童教育学部講師。理科教育学を専門としています。理科では目的意識をもった観察・実験を重視します。本書でも「意図的な支援」、つまり「何のためにその支援を行うのか」を明確にして実践することが重要だと述べています。本書で示した七つの指標を踏まえ、「この活動や支援は七つの指標のうちのどれにつながるのか」を考えながら、日々の授業改善に役立てていただければ幸いです。

吉田 新一郎（よしだ・しんいちろう）

文科省は長年「教員の資質向上」の必要性に言及し続け、教育委員会は教員研修を、学校は校内研修・研究を、熱心な教師は自己研鑽をし続け、そして大学は養成課程と現職研修を提供し続けていますが、生徒が夢中で取り組みたくなる授業力の向上はなかなか見られません。求められている授業の本質を再確認するのに、そして関係者の努力を実りあるものにするために、本書をぜひお役立てください。

問い合わせは、pro.workshop@gmail.comにお願いします。

著者紹介

ジェフ・C・マーシャル

Jeff C. Marshall

著者のジェフ・C・マーシャル（Jeff C. Marshall）は、クレムソン大学教育学部の教授であり、同大学の「絶えず進化し続ける探究研究所」の所長も務めている。学校現場で数学と理科の教育に携わる教員の変革を促進し、現実世界のものごとに関係した「本物」の深い学びを実現する、本格的な探究型の学習体験を生み出すことを自らの使命としている。

過去10年間に4冊の著書の出版、60本以上の論文を発表し、130回以上の講演を行っている。また、全米の多くの教育委員会、大学、助成金プロジェクトのコンサルタントとしても活躍している。

セントラルオクラホマ大学で学士号（理学）、インディアナ大学でカリキュラムと指導法の研究で修士号と博士号（教育学）を取得。

あなたの授業力はどのくらい？
── デキる教師の七つの指標

2022年8月1日　初版第1刷発行

●訳　　者 ── 池田 匡史・雲財 寛・吉田 新一郎
●発 行 者 ── 福山 孝弘
●編集担当 ── 岡本 淳之
●発 行 所 ── 株式会社教育開発研究所
〒113-0033　東京都文京区本郷2-15-13
☎03-3815-7041
HPアドレス　https://www.kyouiku-kaihatu.co.jp/

●制作協力 ── 株式会社コンテクスト
●装丁・本文デザイン ── ホソカワデザイン
●印刷所 ── 中央精版印刷株式会社

ISBN 978-4-86560-558-7　C3037

Printed in Japan